“改革开放与新时代”研究丛书

新时代

Jiaoyu Fazhan
Xin Shuiping

# 教育发展新水平

郑丽平　著

中国人民大学出版社
·北京·

**图书在版编目（CIP）数据**

教育发展新水平/郑丽平著. —北京：中国人民大学出版社，2020.1
“改革开放与新时代”研究丛书
ISBN 978-7-300-26529-2

Ⅰ.①教… Ⅱ.①郑… Ⅲ.①教育事业-发展-成就-中国 Ⅳ.①G521

中国版本图书馆 CIP 数据核字（2018）第 295243 号

“改革开放与新时代”研究丛书
**教育发展新水平**
郑丽平 著

| | | | |
|---|---|---|---|
| **出版发行** | 中国人民大学出版社 | | |
| **社　　址** | 北京中关村大街 31 号 | **邮政编码** | 100080 |
| **电　　话** | 010－62511242（总编室） | | 010－62511770（质管部） |
| | 010－82501766（邮购部） | | 010－62514148（门市部） |
| | 010－62515195（发行公司） | | 010－62515275（盗版举报） |
| **网　　址** | http://www.crup.com.cn | | |
| **经　　销** | 新华书店 | | |
| **印　　刷** | 固安县铭成印刷有限公司 | | |
| **开　　本** | 720 mm×1000 mm　1/16 | **版　　次** | 2020 年 1 月第 1 版 |
| **印　　张** | 12.25 插页 1 | **印　　次** | 2024 年 8 月第 3 次印刷 |
| **字　　数** | 182 000 | **定　　价** | 86.00 元 |

# 目　录

# 第一章　改革开放以来中国教育发展的基本历程

40 年来，教育的改革开放走过了一条不平凡的路。改革开放从百废待兴中起步，执着于国家的富强与民主、人民的文明与富足。踏上征程的那一刻，中国人便把开创新时代和实现中华民族伟大复兴的责任挑在了肩上。除旧不易，开新更难。40 年来，中国的教育历经拨乱反正、体制改革、科教兴国、素质教育、综合改革等一系列重要事件，在不断前行中谱写了一曲曲探索真理的新歌。

## 一、拨乱反正：教育走出动荡与徘徊

### 1. 提出“尊重知识，尊重人才”，推翻“两个估计”

“文化大革命”结束后，党和国家各项事业百废待兴。我国面临两方面的问题。一方面，“十年动乱”给国民经济发展和党的各项事业造成严重破坏，国内物质生活匮乏，人民普遍贫穷，冤假错案亟待改正。另一方面，当时西方国家的科技发展日新月异，“十年动乱”使我国与世界发展的差距越拉越大，要赶上世界先进科技水平，实现四个现代化，任务十分艰巨。

那时的教育领域还受“两个估计”的严重束缚，整个教育工作处于徘徊观望的状态。1971年全国教育工作会议完全否定了党在新中国成立后到“文化大革命”发生前的教育实践，提出“两个估计”，即认为“文化大革命”之前十七年的教育实践是“修正主义黑线”占了主导地位，知识分子的大多数世界观基本上是资产阶级的。“两个估计”的思想严重束缚了教育领域的工作，要彻底消除“两个估计”错误思想对教育工作的影响，就必须先推翻“两个估计”。

邓小平在复出之前，就已经开始考虑重新恢复和发展科学和教育工作问题。邓小平在1977年5月24日的一次谈话中明确指出：“我们要实现现代化，关键是科学技术要能上去。发展科学技术，不抓教育不行。靠空讲不能实现现代化，必须有知识，有人才。”① “一定要在党内造成一种空气：尊重知识，尊重人才。要反对不尊重知识分子的错误思想。”② 他的关于“尊重知识，尊重人才”的讲话迅速在知识分子中间传开，极大地鼓舞了广大科学和教育工作者，使他们重新看到了教育发展的春天。

1977年7月，党的十届三中全会决定恢复邓小平的领导职务。邓小平自告奋勇抓科学和教育，成为这两条战线拨乱反正的直接领导者。

1977年8月4日至8日，邓小平在北京主持召开科学和教育工作座谈会，来自全国各地30余位科学和教育工作者参加了会议。会议集中讨论了教育工作中亟待解决和广大知识分子迫切想要得到回答的问题。比如，没有澄清重大路线的是非，广大教师和干部头上戴着“臭老九”“反动学术权威”的帽子，因此，干部不敢抓工作，教师持观望态度，积极性难以调动。这些问题实际上也是对“文化大革命”前十七年教育和知识分子如何估计的问题。8月8日座谈会结束时，邓小平做了总结性讲话，这就是著名的“八八讲话”。

1977年9月19日上午，邓小平和方毅同刘西尧、雍文涛、李琦等谈

---

① 邓小平. 邓小平文选：第2卷. 2版. 北京：人民出版社，1994：40.

② 同①41.

教育战线的拨乱反正问题。他明确指出："'两个估计'是不符合实际的。"① "对全国教育战线十七年的工作怎样估计？我看，主导方面是红线。应当肯定，十七年中，绝大多数知识分子，不管是科学工作者还是教育工作者，在毛泽东思想的光辉照耀下，在党的正确领导下，辛勤劳动，努力工作，取得了很大成绩。特别是教育工作者，他们的劳动更辛苦。现在差不多各条战线的骨干力量，大都是建国以后我们自己培养的，特别是前十几年培养出来的。如果对十七年不作这样的估计，就无法解释我们所取得的一切成就了。"② 他说："世界观的重要表现是为谁服务。我国的知识分子绝大多数是自觉自愿地为社会主义服务的。"③

他高度重视人才和知识分子的地位和作用，他说："我国科学研究的希望，在于它的队伍有来源。科研是靠教育输送人才的，一定要把教育办好。我们要把从事教育工作的与从事科研工作的放到同等重要的地位，使他们受到同样的尊重，同样的重视。"④ 他充分肯定了新中国成立后十七年教育工作的战绩，肯定了知识分子是工人阶级的一部分，为全国教育战线全面拨乱反正、整顿秩序奠定了思想和理论基础。

### 2. 恢复高考制度

恢复高考制度，是邓小平复出后对教育战线拨乱反正的第一个重点决策。粉碎"四人帮"时，高考制度已经被废止十年，大多数高等学校虽然逐渐恢复招生，但是仍然沿用推荐选拔的大学招生制度，国家出现了严重的人才断档，广大群众对当时的招生制度十分不满。

1975 年，邓小平领导开展全面整顿时，多次在谈话中对束缚人才发展的大学招生方式和大学的教学质量问题发表了看法。他说："大学究竟起什么作用？培养什么人？有些大学只是中等技术学校水平，何必办成大学？……一点外语知识、数理化知识也没有，还攀什么高峰？中峰也不行，低峰还有问题。我们有个危机，可能发生在教育部门，把整个现代化

① 邓小平．邓小平文选：第 2 卷．2 版．北京：人民出版社，1994：67.

②③ 同①49.

④ 同①50.

水平拖住了。”[①] 然而，当时由于受到“四人帮”的干扰破坏和后来发生的“批邓、反击右倾翻案风”运动的影响，邓小平的这些主张没能得到实施。

1977 年 8 月 4 日至 8 日，邓小平在北京主持召开科学和教育工作座谈会。这成为一个时代的转折点。这次会议是按照邓小平的要求，由中国科学院和教育部分别在科学院系统和高等学校选定 30 余位参会代表。会议的主要话题之一就是提高教学质量、改革招生制度。与会专家一致建议党中央、国务院对现行招生制度进行彻底改革，宁可晚招生两个月。8 月 8 日，邓小平在座谈会结束时发表了重要讲话。就招生问题，他大胆提出：“今年就要下决心恢复从高中毕业生中直接招考学生，不要再搞群众推荐。从高中直接招生，我看可能是早出人才、早出成果的一个好办法。”[②]

1977 年 10 月 5 日，中央政治局讨论并原则通过了邓小平亲自指导修订的《关于 1977 年高等学校招生工作的意见》。10 月 12 日，国务院正式批转了教育部《关于 1977 年高等学校招生工作的意见》，废除了“文化大革命”时期的招生办法，规定从 1977 年起，对我国高等学校招生制度进行改革，恢复统一高考制度。该意见提出：凡是工人、农民、“上山下乡”和回乡知识青年、复员军人、干部和应届毕业生，只要符合条件均可以报考。招生办法是自愿报名，统一考试，地（市）初选，学校录取。录取原则是德智体全面衡量，择优录取[③]。

改革后的招生办法具有显著特点：扩大了招生范围；提高了对文化水平的要求；从应届高中毕业生中直接招收大学生与从有实践经验的工农兵中选拔大学生是平行的；坚持德智体全面衡量、择优录取的原则；实行自愿报名，统一考试。

恢复高考的消息传开后，全国上下有志于成才、报效祖国的青年热血沸腾，图书馆、书店一时成为最热闹的地方。1977 年冬，全国有 570 万考生走进考场，当年全国高等学校录取新生 27.3 万人。1978 年，教育部决定从当年起实行全国统一考试，由全国统一命题，由各省、市、自治区组

---

① 邓小平. 邓小平文选：第 2 卷. 2 版. 北京：人民出版社，1994：33-34.

② 同①55.

③ 教育部负责人就 1977 年高校招生问题答记者问. 人民日报，1977-10-22（1）.

织考试。这一年有610万考生参加了这次真正意义上的全国高等学校统一招生考试。这两次冬夏两季仅隔半年的招生考试，共有67.5万名新生进入高等学校学习①。

恢复高考制度是教育战线拨乱反正和全面恢复教育教学制度的一个重要标志，它重新确立了人才选拔的公平、公正和科学的原则，大大激发了全社会的学习热情和广大教育工作者投身教育事业的积极性，对中国社会的发展起到了巨大的推动作用。

### 3. 扩大派遣留学生

大量派遣留学生，是教育领域率先实现对外开放的重要标志。

“文化大革命”刚结束不久，我国各项事业都亟待重新恢复调整。清华大学按照邓小平关于拨乱反正的指示在对学校各项工作进行清查的基础上，提出了整顿计划，并向中央提出书面报告，请求中央帮助解决。1978年6月23日，邓小平约见时任国务院副总理方毅、教育部领导蒋南翔、刘西尧等，专门听取了清华大学的情况汇报。就在听取汇报的过程中，邓小平对留学工作做出重要指示。他指出：“我赞成留学数量增大，主要搞自然科学，要成千上万地派，不是只派十个八个。我们一方面要努力提高自己大学的水平，一方面派人出去学习，这样也可以有一个比较，看看我们自己的大学究竟办得如何。这是五年内快见成效，提高我国水平的重要方法之一。要搞个计划，今年至少先派三千人出去，怎么选派，派到哪里，要订好计划。要千方百计加快步伐，路子越走越宽。”② 邓小平的讲话鼓舞了在场的每个人。

但是，在当时“文化大革命”刚刚结束的情况下，一些人对于扩大派遣留学生心存担忧。一方面，十年封闭造成人们思想上的闭塞，对于出国留学，特别是到资本主义国家去留学，很多人还难以接受。另一方面，一

① 国家教育发展研究中心. 勋誉卓著永铸丰碑：深情缅怀邓小平同志关心支持教育的历史功绩. 中国教育报，2004-08-20 (3).

② 中共中央文献研究室. 邓小平思想年编（一九七五—一九九七）. 北京：中央文献出版社，2011：143.

些人认为，整个国家的经济刚刚从废墟中恢复发展，财政紧张，如果再花钱派人出国，似乎没有必要。还有一些人担心派出的留学生很可能不会再回国参与国家建设。

对此，邓小平明确回答："不要怕出一点问题，中国留学生绝大多数是好的，个别人出一点问题也没有什么了不起，即使一千人跑掉一百个，也只占十分之一，还剩九百个。"他还提出要求："我们要从外语基础好的高中毕业生中选派一批到外国进大学。今年三四千，明年万把人。这是加快速度的办法。"①

邓小平关于留学工作的重要讲话被称为"扩大派遣出国留学人员的重要讲话"，对于发展新时期出国留学、促进国际交流具有划时代的重大意义，由此做出的扩大派遣留学人员出国学习的战略决策，翻开了我国出国留学工作的崭新篇章。

这一重要讲话发表不到 20 天，教育部就迅速组织制定计划，于 1978 年 7 月 11 日向中央提出了《关于加大选派留学生的数量的报告》。10 月，邓小平在会见德意志联邦共和国新闻代表团时进一步表达了坚决开放的决心。他说："中国在历史上对世界有过贡献，但是长期停滞，发展很慢。现在是我们向世界先进国家学习的时候了。我们过去有一段时间，向先进国家学习先进的科学技术被叫作'崇洋媚外'。现在大家明白了，这是一种蠢话。我们派了不少人出去看看，使更多的人知道世界是什么面貌。关起门来，固步自封，夜郎自大，是发达不起来的。"②

在邓小平的大力倡导下，1978 年 12 月 26 日，中国派出第一批赴美国的 52 名留学人员。随后，陆续派出了赴英、日、德、法等国家的中国留学生。1979 年 1 月，邓小平访问美国。其间，他在中国驻美使馆接见了部分留学生代表，并同美国正式签署了中美互派留学生的协议。此后，国家教委陆续与英国、埃及、加拿大、荷兰、意大利、日本、联邦德国、法国、比利时、澳大利亚等国政府达成交换留学生的协议。

---

① 张双鼓，江波，教育部国际合作与交流司. 出国留学工作 20 年. 北京：高等教育出版社，1999：203.

② 邓小平. 邓小平文选：第 2 卷. 2 版. 北京：人民出版社，1994：132.

扩大派遣留学生是教育领域思想解放的重要标志之一，也打开了中国对外开放的大门，极大地激发了中国改革开放的活力。

综上所述，在拨乱反正时期，由于邓小平的亲自领导和推动，教育战线在全国率先拨乱反正，各项工作逐步得到恢复和调整。比如：恢复“文化大革命”中被取消的教育机构和组织，重建中央教育科学研究院，设立地方和高等学校教育教学研究机构等；恢复研究生教育制度，建立中国自己的学位制度；全面整顿学校布局，恢复正常的教育教学秩序；重建教材编审队伍，编写各科教学大纲和教科书。这一系列重大举措，使教育真正从“两个估计”中走出来，从为阶级斗争服务转变到为社会主义现代化建设服务的正确轨道上来，全社会也重新树立起尊重知识、尊重人才和尊师重教的新风尚。

## 二、体制改革：教育改革全面启动

1982 年 9 月中国共产党第十二次全国代表大会的召开，标志着中国共产党完成了拨乱反正的历史任务，基本消除了“文化大革命”造成的严重影响，为开创新时期社会主义现代化建设和改革开放创造了良好条件。党的十二大提出了建设有中国特色的社会主义理论，把教育放在国家重要战略地位，同时提出了新时期我国教育改革和发展的一系列方针和政策，我国教育事业发展迎来了新气象。

### 1. 确立教育在国民经济中的重要战略地位

党的十一届三中全会的召开，做出了我国实行改革开放的伟大决定，同时确立了以经济建设为中心的决定，实现了党和国家工作重点的战略转移，全党全社会更加重视教育在国民经济发展中的重要作用。1981 年 6 月，党的十一届六中全会通过了《关于建国以来党的若干历史问题的决议》（简称《决议》）。《决议》强调：“要坚决扫除长期存在而在‘文化大革命’期间登峰造极的那种轻视教育科学文化和歧视知识分子的完全错误的观念，努力提高教育科学文化在现代化建设中的地位和作用，明确肯定知识分子同工人、农民一样是社会主义事业的依靠力量，没有文化和知识分子是不可能建设社会主义的。”

邓小平高度重视教育在党和国家现代化战略全局中的重要作用。他始终把教育看作全党全社会的大事，把教育与经济、科技和社会的协调发展作为中国现代化的系统工程。他反复强调“教育是一个民族最根本的事业”，“教育是现代化的基础”。他动员全党全社会都来关心和支持教育事业的发展。他指出：“教育事业，决不只是教育部门的事，各级党委要认真地作为大事来抓。各行各业都要来支持教育事业，大力兴办教育事业。”①

邓小平关于教育与经济、科技和社会关系的重要论述，深刻阐明了教育在我国现代化建设中的战略地位和基础性作用，为指导新时期我国教育事业改革和发展提供了强大思想武器。

他要求各级领导要像抓好经济工作一样抓好教育工作。他强调：“忽视教育的领导者，是缺乏远见的、不成熟的领导者，就领导不了现代化建设。……各级党委和政府，对教育工作不仅要抓，并且要抓紧、抓好，严格要求，少讲空话，多干实事。”②

1982 年 9 月，中国共产党的第十二次全国代表大会召开，首次把教育作为国家发展的战略重点之一，明确提出了教育的战略地位和作用。党的十二大通过的报告《全面开创社会主义现代化建设的新局面》指出：在今后二十年内，一定要牢牢抓住农业、能源和交通、教育和科学这几个根本环节，把它们作为经济发展的战略重点。必须大力普及初等教育，加强中等职业教育和高等教育，发展包括干部教育、职工教育、农民教育、扫除文盲在内的城乡各级各类教育事业，培养各种专业人才，提高全民族的科学文化水平。

1987 年 10 月，党的十三大报告《沿着有中国特色的社会主义道路前进》明确指出：“从根本上说，科技的发展，经济的振兴，乃至整个社会

---

① 邓小平．邓小平文选：第 2 卷．2 版．北京：人民出版社，1994：95．

② 邓小平．邓小平文选：第 3 卷．北京：人民出版社，1993：121．

的进步，都取决于劳动者素质的提高和大量合格人才的培养。百年大计，教育为本。”必须坚持把发展科学技术和教育事业放在首要位置，使经济建设转到依靠科技进步和提高劳动者素质的轨道上来。

党的十三大报告把教育摆在优先发展的战略地位，显示了党中央对教育的地位和作用认识的历史性飞跃。教育作为国民经济发展的重要事业之一，教育的地位越来越重要，在这一点上人们取得广泛共识。在各地教育发展的实践中，各级党委和政府把教育工作列入重要的议事日程，大力增加教育投入，各地教育经费都有了较大幅度的增长。

全社会在“解放思想、实事求是”思想路线和党中央对教育事业改革发展的科学指引下，对教育本质和教育功能一系列重大教育理论和思想认识问题展开大讨论，在推进教育实践的过程中，其教育理论和思想认识也有了重大进步。人们逐渐改变了对教育的片面认识，从之前认为教育是上层建筑和阶级斗争工具转变为认为教育是促进国民经济发展的重要事业，教育现代化是最重要的现代化。整个社会日益形成了“党以重教为先，政以兴教为本，师以从教为乐”的良好氛围。可以说，我们党对教育的地位和作用认识的历史性转变，使教育事业迎来了改革和发展的大好时机，极大地促进了新时期教育事业的发展。

### 2. 提出“三个面向”的战略指导方针

1983 年 9 月 10 日，邓小平为景山学校 20 周年题词：“教育要面向现代化，面向世界，面向未来。”这个题词后来被概括为“三个面向”。1983 年 9 月 11 日，全国各主要报刊都在第一版刊登了“三个面向”的题词，“三个面向”引起了社会的广泛关注。教育战线立即掀起了学习“三个面向”的热潮。通过广泛深入的学习和讨论，广大教育工作者进一步解放了思想，逐步摆脱了就教育论教育的思想束缚，加深了对教育本质和教育功能的认识，极大地促进了教育思想的科学转变。

1985 年 5 月颁布的《中共中央关于教育体制改革的决定》提出：“社会主义现代化建设的宏伟任务，要求我们不但必须放手使用和努力提高现有的人才，而且必须极大地提高全党对教育工作的认识，面向现代化、面向世界、面向未来，为九十年代以至下世纪初叶我国经济和社会的发展，大规模地准备新的能够坚持社会主义方向的各级各类合格人才。”该决定再次郑重提出“三个面向”，标志着“三个面向”已经成为新时期指导我国教育事业改革和发展的指导方针。

“三个面向”是邓小平站在当代世界发展和中华民族前途命运的高度，根据20世纪80年代后世界新技术革命的发展趋势和我国社会主义现代化建设的实际需要，针对当时我国教育同社会主义现代化建设严重不适应的矛盾提出的重要思想。党的十一届三中全会做出了全党工作重点转移到经济建设上来的决定。党的十二大明确提出了新时期社会主义现代化建设的总目标和总任务，同时将教育列为经济建设的战略重点之一。当时，我国教育发展现状同社会主义现代化建设和改革开放不适应的问题十分突出，教育事业改革和发展的战略方向、战略目标、战略任务也亟待明确。从国际上看，第二次世界大战以后，世界科技革命的浪潮汹涌澎湃，现代科学技术迅猛发展，国际竞争逐步转向科学技术和教育领域，各国经济的发展越来越依靠科学技术的发展，对科技人才和高素质劳动者的需求更加突出，这些都对各国教育现代化提出了更高的要求。因此，“三个面向”思想，不仅是对景山学校教学改革实验的鼓励和期望，更是为我国教育事业改革和发展提出的战略指导方针。这一战略指导方针既充分体现了新时期社会主义现代化建设对教育的客观要求，又从国家战略的高度指明了我国社会主义教育改革和发展的方向。

“三个面向”的战略指导方针具有十分丰富和深刻的内涵。“三个面向”是邓小平教育理论中最重要的组成部分，它不仅反映了时代发展的客观要求，而且体现了现代教育的本质和发展规律。“教育要面向现代化”是“三个面向”的基础和核心，它要求教育工作者必须适应、服从社会主义现代化建设，教育必须为社会主义物质文明和精神文明建设服务。“教育要面向世界”是基本途径，它要求教育工作者以对国家和民族前途命运高度负责的精神，遵循教育自身发展规律和人的全面发展目标要求，培养好社会主义现代化的建设者和接班人。“教育要面向未来”是立足点和展望，它要求教育工作者用长远的眼光办教育，在历史、现实、未来的紧密联系中不断推进教育的改革和发展。

“三个面向”的提出为研究解决改革开放新时期教育工作遇到的新情况新问题提供了科学的理论依据，对新时期教育事业的改革和发展产生了重大而深远的影响。“三个面向”战略指导方针确立以后，教育战线按照“三个面向”的要求，解放思想，勇于改革，冲破了传统教育思想和教育观念的束缚，逐渐纠正了不适应社会主义现代化建设需要的错误的教育观念和模式，纠正了违背党的教育方针、违背教育教学规律的倾向和做法，推动教育真正转到“三个面向”的科学道路上来。

### 3. 颁布《中共中央关于教育体制改革的决定》

党的十二大以后，在建设有中国特色的社会主义理论的指导下，我国教育战线也开始积极开辟和探索中国特色社会主义教育发展的新道路。这一时期，由于全党、全国的工作重点转移到以经济建设为中心的轨道上来，经济体制改革在全国率先开展并逐渐深入。而教育作为与经济、科技、国防建设等同等重要的国家战略重点，与经济体制改革不适应的矛盾愈加突出。教育体制改革势在必行。

邓小平在全国教育工作会议上的讲话中指出：“我们不是已经实现了全党全国工作重点的转移吗？这个重点，本来就应当包括教育。一个地区，一个部门，如果只抓经济，不抓教育，那里的工作重点就是没有转移好，或者说转移得不完全。”① 从教育当时的状况讲，由于长期以来形成的轻视教育、轻视知识、轻视人才的错误思想仍然存在，教育工作中“左”的思想影响还没有完全消除，教育事业自身也亟待改革。

为尽快改变教育不适应国民经济发展的现状，1980 年，中共十一届五中全会就提出要在确定适合国民经济发展需要的经济体制的同时，“确定适合国民经济发展需要的教育计划和教育体制”。1984 年，中共十二届三中全会通过的《中共中央关于经济体制改革的决定》提出：“科学技术和教育对国民经济的发展有极其重要的作用。随着经济体制的改革，科技体

① 邓小平．邓小平文选：第 3 卷．北京：人民出版社，1993：121.

制和教育体制的改革越来越成为迫切需要解决的战略性任务。中央将专门讨论这方面的问题，并作出相应的决定。”在邓小平的关心和领导下，当年10月，中央成立了教育体制改革文件起草领导小组（简称领导小组），专门负责起草教育体制改革的文件。教育体制改革被纳入党中央重要议事日程。12月，领导小组向中央提交了《关于教育体制改革的若干设想和意见》的调查报告，这一调查报告得到邓小平的高度认可。在广泛调研和听取专家意见的基础上，1985年5月，中央原则上通过了《中共中央关于教育体制改革的决定（草案）》[简称《决定（草案）》]。

为进一步提高全党对教育重要战略地位的认识，更加有效地贯彻教育体制改革的决定，中央决定召开一次全国教育工作会议。1985年5月15日至20日，中共中央、国务院在北京召开了改革开放以来第一次全国教育工作会议。会上代表们认真讨论了《决定（草案）》，提出了进一步完善的意见和建议。邓小平出席了闭幕式，并做了题为《各级党委和政府要把教育工作认真抓起来》的重要讲话。他站在实现社会主义现代化和中华民族前途命运的高度，强调了通过教育把我国沉重的人口负担尽快转化为巨大的人力资源优势的必要性和紧迫性。他在全国教育工作会议上的讲话中指出：“我们国家，国力的强弱，经济发展后劲的大小，越来越取决于劳动者的素质，取决于知识分子的数量和质量。一个十亿人口的大国，教育搞上去了，人才资源的巨大优势是任何国家比不了的。有了人才优势，再加上先进的社会主义制度，我们的目标就有把握达到。”① 他认为，抓好教育体制改革是全党的任务。如果现在不向全党提出这样的任务，就会耽误大事。他强调各级党委和政府要抓紧、抓好教育工作，要严格要求，少讲空话，多办实事。他指出：“扎扎实实抓他几年，中华民族教育事业空前繁荣的新局面，一定会到来。”②

会后，中共中央于5月27日正式颁布了《中共中央关于教育体制改革的决定》(简称《决定》)。

《决定》总结了新中国成立以来特别是党的十一届三中全会以来教育

① 邓小平. 邓小平文选：第3卷. 北京：人民出版社，1993：120.

② 同①122.

改革的经验，较为系统地阐明了教育体制改革的指导思想、主要任务和具体措施，成为指导教育改革的纲领性文件。《决定》对基础教育的管理体制改革做出了明确规定，对职业技术教育的大发展提出了要求，对高等教育的战略发展目标、办学体制和招生制度及毕业生分配制度等的改革做出了指示，对如何保证教育体制改革顺利进行的问题也进行了规定。《决定》提出了“教育必须为社会主义建设服务，社会主义建设必须依靠教育”这一方针，为新时期教育事业的发展提供了指导思想。

《决定》的颁布，是新中国教育改革史上的一个重要里程碑。邓小平充分肯定《决定》的意义及影响。他指出：“教育体制改革的决定草案，我看是个好文件。现在，纲领有了，蓝图有了，关键是要真正重视，扎扎实实地抓，组织好施工。”①

在《决定》精神的指引下，教育战线以体制改革为突破口，全面改革和发展各级各类教育，比如：大力推进义务教育体制改革，通过实行“地方负责、分级管理”的体制改革，极大地调动了全社会关心、支持教育的积极性，明显改善了办学条件，为推动有步骤地实现九年制义务教育和扫除青壮年文盲打下坚实基础；大规模调整中等教育结构，大力发展职业教育，推动我国初、中、高职业教育体系逐步形成；改革高等学校的招生计划和毕业生分配制度，扩大高等学校办学自主权；多渠道筹措办学经费，一定程度上缓解了教育资金短缺的困境；调整高等教育内部结构，逐步推动了文、理、工、农、医各类学科相互结合、相互渗透的发展趋势。

## 三、科教兴国：教育改革发展进入快车道

20 世纪 90 年代，我国社会主义现代化发展进入了关键性的历史时期。1992 年春，邓小平在深圳、珠海、上海等地发表了著名的南方谈话。邓小平的南方谈话对 20 世纪 90 年代我国的经济改革与社会进步起到了至关重

① 邓小平. 邓小平文选：第 3 卷. 北京：人民出版社，1993：120.

要的推动作用。在这一思想的指导下，教育战线进一步解放思想，锐意改革。

### 1. 颁布《中国教育改革和发展纲要》

20 世纪 90 年代初，经过多年的改革开放，我国经济体制改革已经取得了初步的成果。教育作为重大国家战略，经过多年的改革和发展，也取得了一些成就。然而，随着我国经济体制改革和科技体制改革的逐步深入，教育与经济社会发展需要不适应的矛盾仍然没有得到根本解决。针对这种情况，1988 年 4 月下旬，中共中央政治局专门讨论了教育问题。会议决定组织力量认真研究教育工作中存在的问题，提出切实的解决方案。根据中央政治局会议要求，国务院成立了教育工作研讨小组（简称研讨组），研讨组的主要任务是研究我国教育面临的形势和任务，制定到 20 世纪末的教育发展战略和规划的指导方针，以及有关教育的一些重大问题。经过广泛调查研究，研讨组按照中央要求起草了《中国教育改革和发展纲要(草案)》。

1990 年 12 月，经国务院同意，国家教委将《中国教育改革和发展纲要》的第 17 次修改稿印发全国，供各地制定教育事业十年规划和“八五”计划时参考，并进一步征求意见。

邓小平南方谈话发表以后，1992 年初研讨组根据对建设有中国特色的社会主义理论的新认识，又对这一纲要进行了认真而且是重要的修改，形成送审稿。1992 年 7 月和 8 月，国务院两次召开常务会议，讨论并通过了修改后的纲要。

党的十四大召开以后，江泽民于 1992 年 10 月 29 日主持召开了中共中央政治局常委会议，会议对同年 7 月和 8 月讨论通过的纲要进行了认真讨论。根据党的十四大精神和中央政治局常委会议讨论的结果，国家教委又对纲要进行了修改，并再次征求各省、自治区、直辖市和中央有关部委的意见，然后将修改稿报送中共中央。1993 年 2 月 13 日，中共中央、国务院正式印发了《中国教育改革和发展纲要》(简称《纲要》)。

《纲要》以邓小平教育理论为指导，总结了新中国成立 40 多年来特别是党的十一届三中全会以后教育改革和发展的经验，分析了我国在社会主义初级阶段的国情以及教育工作面临的形势，提出了到20世纪末中国教育改革和发展的方针任务、战略目标、总体思路和重大政策措施，是20世纪90年代中国教育改革和发展的纲领性文献。

《纲要》是20世纪90年代乃至21世纪初教育改革和发展的蓝图，是建设中国特色社会主义教育体系的纲领性文件。20世纪90年代教育发展的基本要求可以概括为：“两基”，即基本普及九年义务教育、基本扫除青壮年文盲；“两全”，即全面贯彻教育方针、全面提高教育质量；“两重”，即重点建设100所左右的高等学校和一批重点学科，从而使全民族教育水平有明显提高。

为动员全党全社会切实实施好《纲要》规定的教育改革和发展任务，进一步落实教育优先发展的战略地位，1994年6月，党中央、国务院召开了改革开放以来的第二次全国教育工作会议。会议要求全国人民进一步落实教育优先发展战略，对实施《纲要》做了全面部署和动员。

江泽民在会上做了重要讲话。他从我国社会主义现代化建设的全局和国家、民族前途命运的高度，强调实现现代化的根本大计就是把经济建设转移到依靠科技进步和提高劳动者素质上来，真正把教育摆在优先发展的战略地位，努力提高全民族的思想道德水平和科学文化水平。他强调，在整个社会主义现代化建设过程中，教育优先发展的战略地位必须始终坚持，不能动摇。只有把教育搞上去，才能从根本上增强我国的综合国力，才能在激烈的国际竞争中取得主动地位。只有培养一代又一代有理想、有道德、有文化、有纪律的献身有中国特色社会主义事业的建设者和接班人，才能保证我们国家的长治久安。他号召全党全社会都必须尊师重教，指出要把重视人才培养、保证投入、为教育办实事作为各级党政领导干部任期目标责任制的重要内容和政绩考核的重要标准。他明确指出，教育搞得不好，就是不合格的领导。他要求各级党委和政府切实加强对教育工作的领导，精心筹划，统一部署，切实贯彻落实好《纲要》。

以《纲要》的颁布和第二次全国教育工作会议的召开为标志，我国教育事业的改革和发展进入了迅速发展的快车道。到20世纪末，《纲要》所确立的改革和发展目标基本实现，为 21 世纪教育事业更快发展奠定了坚实基础。

### 2. 确立科教兴国战略方针

20 世纪 90 年代，以信息科学、信息技术为主要标志的世界科技革命形成了新的高潮，“知识经济”进入人类文明发展的历史进程，科学包括社会科学给社会生产和生活方式带来了深刻变化。科技进步成为经济发展的决定性因素，科学技术实力成为衡量国家综合国力强弱的重要标志。世界各国特别是大国纷纷制定和实施面向 21 世纪的发展战略，抢占科技和产业的制高点。面对发达国家在经济与科技上占优势的压力，面对我国经济和社会发展中的突出问题，我们必须从促进社会主义事业兴旺发达和民族振兴的高度，充分认识实施科教兴国战略的重要性和紧迫性。

科教兴则国兴。改革开放以来，党中央对科技和教育的基础性、全局性地位的认识逐步加深，把科技和教育看作最重要的战略工程。早在 1978 年 3 月，邓小平在全国科学大会开幕词中就指出，四个现代化的关键是科学技术现代化，并着重阐述了“科学技术是生产力”这一马克思主义观点。1985 年 3 月，在全国科技工作会议上，他提出了“科学技术是第一生产力”的著名论断。1992 年春，在南方谈话中，他重申了这一观点。他说：“经济发展得快一点，必须依靠科技和教育。我说科学技术是第一生产力。”① “科学技术是第一生产力”的著名论断，是邓小平从当代世界科技发展状况以及知识经济社会的特点出发所得出的科学结论，反映了世界科技和经济社会发展的基本规律。这个精辟论断揭示了科学技术在现代社会中的重要作用，奠定了科教兴国的理论基础。

根据邓小平关于科学技术是第一生产力的思想，党中央确立了“经济建设必须依靠科学技术，科学技术工作必须面向经济建设”和“教育必须为社会主义建设服务，社会主义建设必须依靠教育”的战略方针，各级政府也将推进经济发展、科技进步和加快教育事业改革发展统筹考虑，有不少地区提出了“科教兴省”“科教兴市”“科教兴县”的目标。这些都为科

① 邓小平. 邓小平文选：第 3 卷. 北京：人民出版社，1993：377.

教兴国战略的实施提供了深厚的社会基础并形成了广泛的社会共识，科教兴国已成为我国经济和社会发展的必然趋势。

1995 年 5 月 6 日，中共中央、国务院颁布《关于加速科学技术进步的决定》(简称《决定》)，第一次明确提出要坚定不移地实施科教兴国战略。同年 5 月 26 日至 30 日，党中央、国务院在北京召开了第三次全国科技大会，动员全党全社会贯彻落实科教兴国战略。会上，江泽民发表了重要讲话。他指出，我国要实现经济体制从传统的计划经济向市场经济的转变，以及实现经济增长方式从粗放型向集约型的转变，就必须重视科技教育，认真实施科教兴国战略，使国民经济和社会发展依靠于科技进步和劳动者素质的提高。他指出："科教兴国，是指全面落实科学技术是第一生产力的思想，坚持教育为本，把科技和教育摆在经济、社会发展的重要位置，增强国家的科技实力及向现实生产力转化的能力，提高全民族的科技文化素质，把经济建设转移到依靠科技进步和提高劳动者素质的轨道上来，加速实现国家的繁荣强盛。"①

1996 年 3 月，根据中共中央的建议，全国人大八届四次会议审议通过了《中华人民共和国国民经济和社会发展"九五"计划和 2010 年远景目标纲要》。这部重要文献首次将实施科教兴国战略确定为我国的一项基本国策。这一战略的提出，标志着我们党对教育、科技在经济社会中的地位和作用的认识实现了新飞跃。

1997 年，党的十五大确定了 20 世纪我国社会主义现代化建设的宏伟目标，在报告中重申了"要切实把教育摆在优先发展的战略地位""培养同现代化要求相适应的数以亿计高素质的劳动者和数以千万计的专门人才，发挥我国巨大人力资源的优势"，把发展教育和科学作为文化建设的基础工程。江泽民在报告中从社会经济改革和文化建设的长远规划考虑，从实现我国社会主义现代化建设的 21 世纪宏伟蓝图的角度出发，为实施科教兴国战略进一步指明了方向，提出了明确任务，从而把我们党对科技和教育的认识又提升到一个历史新高度。

---

① 中共中央文献研究室．江泽民论有中国特色社会主义．北京：中央文献出版社，2002：232.

为切实贯彻落实科教兴国战略，党和政府开展了一系列卓有成效的工作。1998年3月，第九届全国人大一次会议刚闭幕，时任国务院总理的朱镕基就向中外记者宣布："科教兴国是本届政府的最大任务。"6月，国务院成立了国家科技教育领导小组，由朱镕基亲自担任组长。

国家科技教育领导小组成立后，加强了对全国科技、教育工作的领导和投入，先后召开了十几次会议，审议了几十项有关科技教育的重大议题，做出了一系列实施科教兴国战略的重要决策，极大地促进了科技、教育和经济社会发展的结合，促进了科技和教育事业的快速发展。在贯彻落实过程中，各省、自治区、直辖市及各地（市）、县（市）也相继成立了科技领导小组或科教兴省（区、市）领导小组，并结合本地实际，研究制定了科教兴省、科教兴市、科教兴县的发展战略和发展方针，从而加速了地方科技、教育和经济的发展。

实施科教兴国战略，是以江泽民同志为核心的党的第三代中央领导集体，高举邓小平理论伟大旗帜，科学分析世界经济状况和发展趋势，总结历史经验和我国现实情况做出的重大战略部署。实施这一战略，是全党全社会对新时期教育战略地位认识的又一次历史性的飞跃，是使我国在激烈的国际竞争中立于不败之地的迫切需要，是实现我国社会主义现代化宏伟目标的必然选择，也是中华民族振兴的必由之路。

### 3. 实施《面向21世纪教育振兴行动计划》

党的十一届三中全会至20世纪末，我国的教育事业取得了显著成就，为21世纪教育事业的快速发展奠定了坚实基础。但是与世界上其他国家的教育水平相比，我国教育发展的整体水平仍然偏低，特别是教育的结构和体制、教育观念和方法以及人才培养模式仍然不能适应适合现代化建设的需要。在国际科技竞争领域，缺少具有国际视野和国际领先水平的创新性人才，已经成为制约我国创新能力和竞争能力的主要因素之一。因此，顺应时代要求，振兴教育事业，努力提高我国的科技创新力和产业竞争力，主动迎接21世纪世界知识经济的挑战，是实现社会主义现代化目标和中华民族伟大复兴的客观要求。

在世纪之交的重要历史时刻，党的十五大提出了跨世纪社会主义现代化建设的宏伟目标与任务，对落实科教兴国战略做出了全面部署。在党的十五大精神的指导下，教育部在1998年5月成立了调查研究小组，专门研究和论证跨世纪教育事业改革和发展的总体思路和工作重点，积极迎接21世纪世界经济发展的挑战，着手起草了《面向21世纪教育振兴行动计划》(简称《行动计划》)。在起草《行动计划》的过程中，调查研究小组以邓小平教育理论和党的十五大精神为指导，总结了改革开放以来我国教育改革和发展的成绩和经验，分析了20世纪90年代以来发展水平不同的国家宏观教育改革和发展的重大趋势，为制定《行动计划》进行了多方面的论证。时任国务院副总理李岚清两次听取汇报并做出明确指示。时任教育部部长、党组书记陈至立也亲自主持并多次召开专题会议，对《行动计划》初稿进行反复修改。1998年10月28日，国务院科教领导小组第二次会议原则上通过了《行动计划》。会后，教育部根据中央领导的指示和反馈意见，对《行动计划》进行了认真的修改。同年12月下旬，将《行动计划》报请国务院审批。

1999年1月13日，国务院正式批转了教育部制定的《行动计划》。《行动计划》在贯彻落实《中华人民共和国教育法》和《中国教育改革和发展纲要》的基础上，对跨世纪教育的改革和发展做出总体规划。《行动计划》以邓小平理论为指导，以实施科教兴国战略为主线，以事关全面振兴中国教育事业的重大工程为重点，兼顾当前和长远，具有指导性和可操作性，体现了面向21世纪教育事业改革和发展的基本思路。《行动计划》颁布后，立即在教育界产生强烈反响，为指导各级各类教育进一步改革和发展提供了行动指南。

《行动计划》确定了1998年到2002年要实施的六项工程和若干重点工程。主要内容是：(1) 实施“跨世纪素质教育工程”，整体推进素质教育，全面提高国民素质和民族创新能力。(2) 实施“跨世纪园丁工程”，大力提高教师队伍整体素质，特别要加强师德建设。(3) 实施“高层次创造性人才工程”，加强高等学校科研工作，积极参与国家创新体系建设，努力成为知识创新和高层次创造性人才培养基地。(4) 继续并加快进行“211

工程”和“985 工程”建设，大力提高高等学校的知识创新能力。（5）实施“现代远程教育工程”，形成开放性教育网络，构建终身学习体系。（6）实施高校高新技术产业化工程，带动国家高新技术产业的发展，为培育经济新的增长点做贡献。同时，还要积极发展职业教育和成人教育，培养大批高素质劳动者和初中级人才；深化办学体制改革，调动各方面发展教育的积极性；依法保证教育经费的“三个增长”，切实增加教育的有效投入。

《行动计划》的主要目标是：到 2000 年，全面普及九年义务教育，基本扫除青壮年文盲，大力推进素质教育；完善职业教育培训和继续教育制度，城乡新增劳动力和在职人员能够普遍接受各种层次和形式的教育与培训；积极稳步发展高等教育，高等教育入学率达到 11%左右；加强科学研究并使高校高新技术产业为培育经济发展新的增长点做贡献；深化改革，建立起教育新体制的基本框架，主动适应经济社会发展。

到 2010 年，在全面实现“两基”目标的基础上，城市和经济发达地区有步骤地普及高中阶段教育，全国人口受教育年限达到发展中国家的先进水平；高等教育规模有较大扩展，入学率接近 15%，若干所高校和一批重点学科进入或接近世界一流水平；基本建立起终身学习体系，为国家知识创新体系以及现代化建设提供充足的人才支持和知识贡献。

《行动计划》明确了面向 21 世纪振兴教育的指导思想、目标任务、战略重点，出台了一系列振兴教育的重大举措，对 21 世纪初中国教育事业改革和发展具有十分重要的现实意义。

## 四、素质教育：培养高素质创新人才

素质教育是人的培养模式的一次深刻变革，是教育领域最核心的变革。素质教育是以提高国民素质为宗旨，以促进学生德智体美全面发展为目标的教育，是为促进每个学生个性健康发展与社会和谐发展服务的教育。

### 1. 素质教育的早期探索

1985 年 5 月，邓小平在改革开放后的第一次全国教育工作会议上指出："我们国家，国力的强弱，经济发展后劲的大小，越来越取决于劳动者的素质，取决于知识分子的数量和质量。"[①] 同年颁布的《中共中央关于教育体制改革的决定》明确指出："在整个教育体制改革的过程中，必须牢牢记住改革的根本目的是提高民族素质，多出人才、出好人才。"这是素质教育实践的思想源头。

1993 年 2 月，中共中央、国务院制定发布《中国教育改革和发展纲要》，该纲要指出，中小学要从"应试教育"转向全面提高国民教育素质的轨道，面对全体学生，全面提高学生的思想道德、文化科学、劳动技能和身体心理素质，促进学生生动活泼地发展，办出各自的特色。

1994 年 6 月，改革开放以来的第二次全国教育工作会议提出，基础教育必须从"应试教育"转到素质教育轨道上来，全面贯彻教育方针，全面提高教育质量。

1995 年，国家教委在湖南省汨罗市召开全国素质教育研讨会。

1996 年，《人民教育》刊载汨罗市大面积推行素质教育的报道，国家教委向全国推广素质教育。这是素质教育实践过程中的转折点。改革试验从学校试点扩展为区域性改革，为之后在全国全面实施素质教育奠定了坚实的基础。

1996 年 3 月，全国人大八届四次会议审议通过了《中华人民共和国国民经济和社会发展"九五"计划和 2010 年远景目标纲要》，该文件指出，要"改革人才培养模式"，由"应试教育"向全面素质教育转变。

1997 年 9 月，国家教委在山东烟台召开全国中小学素质教育经验交流会，这是向全国全面推进素质教育的标志性会议。

1997 年 9 月，党的十五大强调，要认真贯彻党的教育方针，重视受教育者素质的提高，培养德智体等全面发展的社会主义事业的建设者和接

---

① 邓小平. 邓小平文选：第 3 卷. 北京：人民出版社，1993：120.

班人。

1997 年 10 月，国家教委制定《关于当前积极推进中小学实施素质教育的若干意见》。

1999 年 1 月，中共中央、国务院批转了教育部制定的《面向 21 世纪教育振兴行动计划》，明确提出了“跨世纪素质教育工程”。这一计划是为了实现党的十五大所确定的目标与任务，落实科教兴国战略，全面推进教育的改革和发展，提高全民族的素质和创新能力。

### 2. 确定全面推进素质教育的方针

1999 年 6 月 13 日，《中共中央国务院关于深化教育改革全面推进素质教育的决定》（简称《决定》）颁布。《决定》将素质教育提高到事关党和国家发展大局的战略地位，在深化教育改革、全面推进素质教育和促进各级各类教育的发展、实施科教兴国战略以及构建 21 世纪充满生机活力的具有中国特色的社会主义教育体系等方面提出了一系列战略举措。

1999 年 6 月 15 日至 18 日，中共中央、国务院在北京召开改革开放以来的第三次全国教育工作会议。这次会议的主题是：动员全党同志和全国人民，以提高民族素质和创新能力为重点，振兴教育事业，实施科教兴国战略，贯彻落实《决定》，为实现党的十五大确定的社会主义现代化建设宏伟目标而努力奋斗。全国人大和全国政协的领导，全国各省、自治区、直辖市的党政主要领导及教育行政部门主要负责人，中央各部委有关负责人，各民主党派的负责人和大中小学代表共 300 多人出席了会议。江泽民同志等中央领导发表讲话，向全党全社会发出全面实施素质教育的动员令。

会后，教育部印发《关于学习贯彻全国教育工作会议精神和〈中共中央国务院关于深化教育改革全面推进素质教育的决定〉》的通知，要求各级教育行政部门、各级各类学校和广大教育工作者，深入学习贯彻全国教育工作会议精神，认真落实全国教育工作会议提出的各项改革任务。为切实推进素质教育，教育部先后召开十几次部党组会和部长办公会，主要就“两基”工作、减轻中小学生课业负担以及基础教育课程改革、高考改革、扩大高中阶段和高等教育招生规模、高校科技创新等问题逐个研究部署。教育系统全面展开贯彻全国教育工作会议精神的工作。

各省（区、市）党委和政府纷纷召开学习贯彻全国教育工作会议精神大会，进行动员部署。各地教育部门、各级各类学校也召开了多种形式的会议，传达、领会会议精神，认真研究推进教育改革和发展以及实施素质教育的政策、举措，并出台了一系列推进教育改革和发展的政策措施。有的省市召开了科教工作会议或科教兴省会议。全国素质教育的实施呈现良好发展势头。

《决定》的颁布和第三次全国教育工作会议的召开标志着素质教育被提上党和国家战略规划的重要日程，进入全面推进、重点实施的阶段，这对于我国素质教育的全面推进具有里程碑的意义。

## 五、综合改革：教育现代化踏上新征程

党中央、国务院历来高度重视教育事业发展的总体规划和顶层设计。进入21世纪后，我国各项事业有了显著进展，取得巨大成就。但是，我国现代化建设面临许多困难，国际金融危机的蔓延和加剧使我国的外部需求急剧减少，长期制约我国经济发展的体制性、结构性矛盾更加突出，粗放型经济增长方式使人口、资源、环境压力越来越大。要保持经济平稳较快发展，推动产业结构升级，转变经济发展方式，建设资源节约型和环境友好型社会，必须紧紧依靠科技进步和劳动者素质的提高。发展文化、科技、教育、卫生等社会事业，推进民主法制建设和社会公平正义，同样需要培养大批高素质的人才。结合教育事业进入21世纪的发展实际，有必要制定教育中长期改革和发展规划。2010年7月29日，进入21世纪以来我国第一个教育规划即《国家中长期教育改革和发展规划纲要（2010—2020年)》(简称《纲要》）正式发布。在中央统一部署下，该《纲要》经过调查研究、起草论证、公开征求意见三个阶段，两次在网上向全社会公开征求意见，有全国各地、有关部门、学校、社会团体等的广泛参与，动员人

数之多、覆盖范围之广、社会参与度之高在我国制定规划的历史上是少见的，达到了广聚民意民智、凝聚共识的目的。

这一《纲要》从现代化建设的全局出发，确定了到 2020 年的战略目标，提出了“优先发展、育人为本、改革创新、促进公平、提高质量”的工作方针，把坚持以人为本、推进素质教育作为教育改革和发展的战略主题；按照完善现代国民教育体系、形成终身教育体系的要求，明确了学前教育、九年义务教育、高中阶段教育、职业教育、高等教育、继续教育等六大发展任务，同时还部署了民族教育和特殊教育的发展任务；以创新人才培养体制为核心，对教育改革进行了系统设计：针对减轻中小学生课业负担、义务教育阶段择校、保障农民工子女就学、高考改革、落实扩大办学自主权、教师队伍建设、政府投入责任等热点难点问题提出了有力可行的措施。《纲要》既系统设计、谋划长远，又突出重点，部署了近期任务；既注重阐述理念和思路，又提出一些扎扎实实的政策举措；既对全社会提出了要求，又明确了各级政府的职责。这是一个有战略意义的指导性文件。为贯彻落实《纲要》总体部署，教育部和各地各级教育部门出台了一系列政策措施来推进教育事业的科学发展。

党的十八大以来，在以习近平同志为核心的党中央坚强领导下，教育领域全面深化综合改革，继往开来、开拓进取，实现了全方位、系统性的提升。

（1）全面贯彻党的教育方针。

党的十八大以来，教育系统围绕立德树人的根本任务，加强理想信念教育，坚持把社会主义核心价值观融入国民教育全过程；深化中国特色社会主义宣传教育，创新思想政治教育工作的方法、途径、载体，构建大中小学一体化德育体系，培养德智体美全面发展的社会主义建设者和接班人；把社会主义核心价值观融入国民教育全过程，推动社会主义核心价值观进课程、进教材、进头脑，加快九年义务教育品德、语文、历史教材的编修，推进普通高中课程的修订和高等教育“马工程”（马克思主义理论研究和建设工程）教材的编审，将社会主义核心价值观有机融入其中。为此，在规范文件的制定修改、体制机制的创新等方面进行了重要探索。一是修订《中小学生守则》和《中等职业学校德育大纲》，将社会主义核心价值观融入学生日常行为规范。二是出台了《完善中华优秀传统文化教育指导纲要》，从爱国、处世、修身三个层次，分学段、有重点、系统化推进中华优秀传统文化教育。在中小学品德、语文、历史等课程标准和教材中增加优秀传统文化内容。三是继承和弘扬革命传统。通过开展“开学第一课”和多种形式的纪念活动，使青少年学生对中国革命史和党史有更深入、更全面的了解。四是出台高校学生党建工作标准，进一步加强学生党组织建设，使学生党员规模稳步扩大、质量明显提高。

（2）教育体制综合改革纵深推进。

一是完善顶层设计，对重大改革举措先行先试，确保改革蹄疾步稳、有力有序。教育体制机制改革从点上攻坚，到重点突破，再到全面深化。2014 年在上海市、北京大学、清华大学“一市两校”率先启动教育综合改革，2015 年教育综合改革在全国各地各校全面铺开，2016 年重点推进若干体制机制改革事项，2017 年进行了总结盘点。2017 年 5 月，习近平总书记主持中央全面深化改革领导小组会议，审议通过了《关于深化教育体制机制改革的意见》和《关于深化教育领域综合改革情况汇报》，充分肯定了五年来教育改革的成绩进展，对下一步深化改革提出明确要求。二是深化“放管服”改革，累计取消多项教育行政审批，加强省级政府教育统筹，扩大高校在学科专业设置、编制及岗位管理、职称评审等方面的自主权。三是全面推进依法治教，《中华人民共和国教育法》《中华人民共和国高等教育法》《中华人民共和国民办教育促进法》一揽子法律修订完成，推进民办学校非营利性与营利性分类管理改革。扎根中国大地办大学，完善以章程为统领的高校内部治理体系，推进高校管理步入制度化、规范化的轨道。

（3）教育质量稳步提升。

牢固树立以提高质量为核心的教育发展观，坚持规模和质量相统一，推动教育内涵发展；把促进人的全面发展和适应社会需要作为衡量教育质量的根本标准，着力增强学生服务国家、服务人民的社会责任感，勇于探索的创新精神和善于解决问题的实践能力。认真制定中小学各学科学业质量标准，开展教育质量监测，推动中小学教育教学质量不断提高。创新高校人才培养机制，进一步调整学科专业结构、人才培养类型层次结构和区域布局结构。加快现代职业教育体系建设，巩固提高中等职业教育发展水平，改革创新高等职业教育，深化产教融合与校企合作。强化国家教育督导，实行督学责任制，建立教育督导部门归口管理、专业机构提供服务、社会组织多方参与的专业化教育质量评估监测体系。

（4）教育公平取得重大进展。

通过完善资源配置、加大倾斜扶持力度、严格规范管理等多种措施，努力缩小城乡间、区域间、群体间、校际的教育差距。加快推进义务教育均衡发展，截至2017年年底，全国有2 379个县（市、区）通过了义务教育基本均衡国家认定，总数占全国县级单位的81%。实施了中西部高等教育振兴计划，支持中西部100所高校加强基础能力建设。实施了中西部招生协作计划，高考录取率最低的省份与全国平均水平的差距从2010年的15.3个百分点缩小至2017年的4个百分点以内。实施了国家农村和贫困地区定向招生计划，5年累计招生27.4万人，更多的农村孩子有了上重点大学的机会。特殊教育发展水平显著提升，视力、听力、智力残疾儿童义务教育入学率达90%以上。80%的随迁子女在流入地公办学校接受义务教育。2017年，随迁子女在除西藏外的30个省份报名参加高考，比2013年增长了36.5倍。同时，留守儿童关爱体系也在不断健全①。

（5）现代职业教育体系框架基本形成。

国家印发的《国务院关于加快发展现代职业教育的决定》《现代职业教育体系建设规划（2014—2020年）》，对构建新时期具有中国特色、世界水平的现代职业教育体系做出系统安排。一是打通发展通道。探索“五年贯通培养”、“3+2分段培养”、“文化素质+职业技能”高职分类考试等多种模式，拓展中职学生成长空间。2014年高职分类考试招生151万名，占高职招生人数的45%。二是促进产教融合。增强服务区域经济社会发展能力，高职院校重点向中小城市布局，超过53%的高职院校设在地级市及以

① 刘延东．深入学习贯彻党的十九大精神 全面开创教育改革发展新局面．求是，2018（6）．

下地区。推进校企全面合作，成立了 62 个行业职业教育教学指导委员会，组建了约 1 000 个职教集团，覆盖 60%以上中职学校和 70%以上高职院校。强化工学结合，现代学徒制试点全面展开，推动职业院校与合作企业共同研制人才培养方案、开发课程教材、实施教育教学、组织考核评价。中职就业率连续多年保持在 95%以上，高职毕业半年后就业率达 90%，对口率达 76%。通过发展高等职业教育，更多的孩子圆了大学梦，成为家里第一代大学生，获得改变个人和家庭命运的机会①。

（6）高校办出特色、争创一流稳步推进。

一是加快建设一流大学和一流学科。深入实施“985 工程”“211 工程”，启动实施“2011 计划”（全称为高等学校创新能力提升计划）。近年来，我国高校学科的国际影响力明显提升，近 600 个学科进入基本科学指标数据库（ESI）前 1/100，位列全球第 6，50 多个学科进入世界同类学科前 1/1 000。我国一流大学和一流学科建设成效显著，受到国际社会的广泛关注。二是推动地方本科高校转型发展。为了解决高校特别是新建本科院校“同质化”办学问题，大力推动高校向应用型转变。截至 2016 年 10 月，已有 26 个省份启动了这项工作，近 150 所高校开始转型发展，着力培养应用型、技术技能型人才，服务地方经济社会发展。三是加快发展专业学位研究生教育。硕士层次专业学位类型的数量由 2009 年的 19 个增加到 2014 年的 40 个，基本覆盖了国民经济和社会发展的主要领域，专业学位招生占研究生招生总数的比例由 2009 年的 14.1%提高到 2014 年的 43.5%，改变了长期以来以学术学位研究生为主的局面。博士层次专业学位已有临床医学、口腔医学、教育、兽医、工程、中医 6 个种类，其中工程博士涵盖电子与信息、生物与医药、先进制造、能源与环保四个领域，进一步满足了国家重大工程项目对高层次工程技术领军人才的需求②。

（7）教育服务经济社会发展的能力显著提升。

党的十八大之后的五年中，高校累计向社会输送了 3 400 多万专门人

① 《教育规划纲要（2010—2020 年）》中期评估职业教育评估报告. 教育部网，2015-12-02.

② 袁贵仁. “十二五”以来特别是十八大以来教育改革发展的成就. 共产党员网，2015-10-15.

才，职业学校向社会输送了3 000多万技术技能型人才、开展培训上亿人次，新增劳动力受教育平均年限已达13.5年。高校创新能力不断提升，2016年高校科研经费达6 531亿元，科技成果直接交易额超过130.9亿元，发明专利授权量占全国近1/4，获得国家科技三大奖的项目已接近全国总数的8成，在凝聚态物理、结构生物学、转化医学、气候变化、超级计算、量子通信、农业科学等领域取得了一批具有重大影响力的标志性成果，为高铁、光伏、数控、高压输电、核电等提供了关键技术支撑。高校产出的哲学社会科学重大成果占全国的80%以上，累计提交各类政策咨询报告4万多份，为党和政府的科学决策做出了重要贡献。职业教育在服务实体经济发展、促进就业创业中的作用日益彰显，中职毕业生就业率连续10年保持在95%以上，高职毕业生半年后就业率超过90%。推动扶智与扶志相结合，实施职业教育东西协作行动，44所教育部直属高校定点扶贫44个贫困县，在产业发展、咨政询策、健康扶贫等方面形成一批品牌项目，教育脱贫攻坚成效显著。积极推进文化传承创新，艺术教育水平不断提升，文艺创作生产更加繁荣，为促进中华优秀传统文化与当代社会相适应、与现代文明相协调做出贡献。国家通用语言文字普及程度进一步提高，普通话普及率达70%以上，语言文字信息化进程加快，语言文字科学研究和基础建设更加贴近国家发展需求①。

(8) 教育对外开放不断深化。

2016年，有来自205个国家和地区的44.2万人次留学人员在华学习。同时，我国还加强对出国留学人员的服务和引导，截至2016年年底留学回国人员总数达265.11万人，其中党的十八大以来回国人数占留学总人数的70%，形成了新中国成立以来最大规模的“归国潮”。中外合作办学项目和机构达2 480个，在14个国家和地区举办本科以上境外办学机构和项目，已建成中外合作大学9所。2017年，我国与世界上188个国家和地区、40多个重要国际组织建立了教育合作与交流关系，与47个国家和地区签署了学历学位互认协议。我国已成为亚洲最大、全球第三的留学目的

① 刘延东．深入学习贯彻党的十九大精神 全面开创教育改革发展新局面．求是，2018 (6).

地国。在 146 个国家和地区开办了 525 所孔子学院和 1 113 个孔子课堂。教育合作始终是人文交流机制的重要内容，既服务了“一带一路”建设，又在促进科技、文化、卫生、体育等事业的发展方面发挥了重要作用。上海学生连续两次获得国际学生能力测试第一，上海、北京、江苏、广东四省市学生整体参加 2015 年测试，成绩超过经合组织国家平均水平，我国教育的国际影响力持续提升。

回顾党的十八大以来的教育工作，教育自身的综合实力、对国家发展的支撑力、对创新的引领力和在国际上的竞争力显著提升，教育的基础性、先导性、全局性作用持续彰显。尤其是十九大以来的教育工作，在承继历史成就基础上不断推陈出新，采取一系列新方案、新举措、新方法，接续推进教育工作的深化改革。《中国教育现代化 2035》作为我国第一个关于教育现代化的中长期规划，是新时代推进教育现代化、建设教育强国的纲领性文件。《加快推进教育现代化实施方案（2018－2022 年）》，指明了今后推进教育现代化的指导思想、实施原则，为更好地发挥教育在全面建成小康社会中的独特价值提供了科学指南，十项重点任务的提出为新时代如何推进教育改革做出具体规划。2019 年习近平总书记主持召开学校思想政治理论课教师座谈会，指出办好思想政治理论课关键在教师，要求思政课教师做到政治要强、情怀要深、思维要新、视野要广、自律要严、人格要正。坚持政治性和学理性相统一、价值性和知识性相统一、建设性和批判性相统一、理论性和实践性相统一、统一性和多样性相统一、主导性和主体性相统一、灌输性和启发性相统一、显性教育和隐性教育相统一，与时俱进推动思政课改革创新①。进入新时代，我国的教育工作进一步彰显了中国特色社会主义教育自信，为全面开创教育改革发展的新局面、全面开启教师教育强国的新征程奠定了坚实基础。

① 习近平. 用新时代中国特色社会主义思想铸魂育人　贯彻党的教育方针落实立德树人根本任务. 人民日报，2019-03-19（1）.

# 第二章　改革开放以来中国教育发展的主要成就

改革开放40年来，我们党领导全国人民高举中国特色社会主义伟大旗帜，坚定不移地实施科教兴国和人才强国战略，坚持教育优先发展，探索出一条中国特色社会主义教育的发展道路，形成了规模不断壮大、质量不断提高、结构日趋合理、效益显著提高的社会主义教育体系。中国教育发展的巨大成就创造了人类教育发展史上的奇迹。

## 一、实现从人口大国向人力资源强国的转变

“人力资源”是英文“human resource”的中文译称，是指总人口在经济上可供利用的最高人口数量，或指具有劳动能力的人口，包括就业人口、失业人口、就学人口、家务劳动人口和军事人口。就业人口、失业人口合计为经济活动人口，亦即现实的社会劳动力；就学人口、家务劳动人口和军事人口是潜在人力资源，虽具备劳动能力，但尚未成为社会劳动力。劳动力来自人力资源，而人力资源来自人口的部分阶层。

对一个国家来说，人力资源是最具有优势的资源，人们常说，中国“地大物博，人口众多”，现在看来，这个说法不够准确，与有些国家相比，我国地不是最大的（如俄罗斯、加拿大的国土面积都超过中国），物也不是最博的（很多国家的人均自然资源和物质资源占有量都远远高于中

国），唯有人力资源是我国在世界上最具有比较优势的资源。把人力资源作为第一资源加以开发和利用是确保中国可持续发展的重大战略选择①。

### 1. 教育现代化步伐加速

改革开放以来，我国各级各类教育稳步快速发展，人均受教育年限不断提高，受过高等教育的人口比例不断提升，这些都使国民受教育水平和人力资源水平得到了快速的提升。通过坚定不移贯彻新发展理念，转变教育发展方式，我国教育总体发展水平跃居世界中上行列。

教育信息化是教育现代化的重要手段。截至2017年，我国中小学互联网接入率提高到94%，多媒体教室的配置比例提升至80%。中国教育卫星宽带传输网直接服务农村中小学师生的数量达到1亿人，全国6.4万个教学点实现数字教育资源全覆盖，惠及400多万名偏远农村地区学生。截至2017年年底，教育管理公共服务平台已有2.1亿名中小学生信息入库，我国基本实现了全国中小学生电子学籍管理②。

教育信息化极大地加快了教育现代化的步伐，呈现出如下特点：

（1）基础教育稳定发展。

根据教育部《2016年全国教育事业发展统计公报》显示，学前教育在校生数量2016年已达4 413.86万，毛入园率2010年达到56.6%，2016年达到77.4%，提前完成了《国家中长期教育改革和发展规划纲要（2010—2020年）》确定的70%基本普及目标，也超过了中高收入国家73.7%的平均水平。小学新生中接受过学前教育的比例达98.4%，这意味着几乎所有小学新生都接受过一定时间的学前教育③。

2016年全国共有义务教育阶段学校22.98万所，在校学生1.42亿人。2016年我国小学学龄儿童净入学率达到99.92%，初中阶段毛入学率为104.0%，九年义务教育巩固率达到93.4%，九年义务教育普及水平已超过世界高收入国家平均水平。义务教育免试就近入学改革深入推进，19个

---

① 改革开放30年中国教育改革与发展课题组. 教育大国的崛起. 北京：教育科学出版社，2008：429.

② 这5年，我国教育事业全面发展. 中国教育报，2017-10-23（7）.

③ 教育发展“大数据”：五年来大中小学发生这些变化. 新华网，2017-09-28.

热点大城市“幼升小”就近入学率达到99%，“小升初”就近入学率达到97%，有效抑制了择校热。有关大数据抽样显示群众满意度接近90%。农民工随迁子女在公办学校就读比例一直保持在80%以上。

2016年，小学阶段专任教师学历合格率99.94%，师生比1∶17.12，体育器械配备达标学校比例80.18%，音乐器材配备达标学校比例79.50%，美术器材配备达标学校比例79.47%，数学自然实验仪器达标学校比例79.84%。初中阶段专任教师学历合格率99.76%，师生比1∶12.41，体育运动场（馆）面积达标学校比例85.36%，体育器械配备达标学校比例89.60%，音乐器材配备达标学校比例88.88%，美术器材配备达标学校比例88.58%，理科实验仪器达标学校比例90.62%。

从2017年起，随迁子女100%纳入了义务教育“两免一补”补助范围。国家大力加强义务教育学校建设，56人以上大班额数量比五年前减少了26万个，降幅超过1/3。

2016年，全国共有高中阶段学校2.47万所，在校生3 970.06万人，其中，普通高中1.34万所，在校生2 366.65万人；中等职业学校1.09万所，在校生1 599.01万人，中职学生占40.28%。我国高中阶段毛入学率达到87.5%，高于中高收入国家83.8%的平均水平。高中阶段专任教师学历合格率97.91%，普通高中设施设备配备达标的学校比例情况分别为：体育运动场（馆）面积达标学校比例89.28%，体育器械配备达标学校比例91.17%，音乐器材配备达标学校比例89.82%，美术器材配备达标学校比例89.95%，理科实验仪器达标学校比例91.52%。

（2）高等教育发展进入新阶段。

我国正在从高等教育大国向高等教育强国新时代迈进，具体来讲可以概括为“三高、三新、两加强”。

一是高等教育大众化水平显著提高。2016年，我国高等教育在学总规模达到3 699万人，位居世界第一，占世界高等教育总规模的1/5，世界上每5个大学生中就有一个在中国高校学习。高等教育毛入学率到42.7%，提前实现《国家中长期教育改革和发展规划纲要（2010—2020年）》确定的40%目标，正在向国际公认的高等教育普及化阶段迈进。

二是高等教育质量显著提高。主要表现在学校、学科、专业建设的水平质量全面提升，得到国际高度评价和认可。2012 年至 2016 年，进入世界上四大世界大学排行榜前 500 名的内地高校从 31 所增加到 98 所，进入 ESI 前 1％的学科数从 279 个增加到 770 个。专业建设水平全面提高，中国工程教育取得历史性突破，2016 年我国成为国际工程教育联盟华盛顿协议的正式成员，中国工程教育的质量标准得到国际高等教育强国的一致认可，达到了国际实质等效。

三是高等教育对国家发展贡献度显著提高。主要表现为数量足、效益高、质量好。为国家输送了超过 3 000 万大学毕业生。高校以全国的 9.4％的研发人员、7％的研发经费发表了全国 80％以上的 SCI 的论文。高校牵头承担了 80％以上的国家自然科学基金项目和一大批“973”“863”等国家重大科技任务。高校服务社会、服务企业的能力显著增强，获得的横向科研经费总数超过 1 791 亿元，占高校科研总经费的 27.4％。科技成果直接交易额超过 130.9 亿元，发明的专利授权量占全国总量的总数超过 1/5。教育部人文社科研究各类项目批准立项 18 700 余项，高校提交各类咨政报告 4.3 万篇。大学生参加暑期“三下乡”活动累计高达 2 000 余万人次，高等学校的大学生成为志愿者服务重要的生力军和主力军。

四是高等教育公平取得新进展。实施了“一省一校”高水平大学建设项目，共有 14 所高校获得 56 亿元的中央财政支持。实施了中西部高校基础能力建设工程，共有 24 个中西部省份的 100 所高校获得 100 亿元中央财政支持。实施了“千名中西部大学校长海外研修计划”，支持了 1 012 名中西部高校领导赴世界高水平大学专题研修。实施了面向中西部高校教师学历提升的优惠政策，每年单独划拨 400 名左右定向培养博士研究生计划。实施了对口支援西部高校工作，已有 100 所东部的高校对口支援中西部的 75 所高校，累计支持 73 所医学院校为中西部招收培养 4.2 万余名定向本科全科医学人才。实施国家农村和贫困地区定向招生专项计划，2012 年以来累计招生 27.4 万人，通过实施特殊招生政策，累计培养少数民族人才 60 多万人。

五是高校创新创业教育取得新突破。连续三年举办三届“互联网＋”大学生创新创业大赛，吸引了 2 000 多所高校、230 多万名学生参与。200 多所高校被认定为全国深化创新创业教育改革示范校，19 所高校入选国家级双创示范基地。近万名优秀导师入选创新创业导师人才库。安排创新创业教育专项资金约 70.4 亿元，资助学生创新创业项目超过 26 万个，全国高校创新创业教育呈现出多点突破、纵深发展的良好势头。中国的创新创业教育已经成为世界高等教育改革发展的一道亮丽的风景线，在国际上产生了非常大的影响。

六是高等教育教学改革取得新成果。新增了 82 个新兴战略产业和民生急需的新专业，实现了“一带一路”沿线国家官方语言的全覆盖。研究制定了 92 个本科专业类教学质量国家标准。投入了 45 亿元实施本科教学工程和中央高校教育教学改革专项。建设了 30 个国家级教师教学示范中心，100 个实验教学示范中心。建成了 1 000 门左右的精品视频公开课，2 800 多门国家级精品资源共享课，近 2 000 门慕课课程。超过 700 万人次在校生获得了线上线下结合的慕课学习学分。

七是高等教育协同育人机制不断加强。教育部与工信部、卫计委、中宣部、中央政法委、中科院、中国工程院等紧密合作，实施了医教协同、科教协同、产教协同、部委协同的育人机制。在工程、医学、新闻传播、法学、农林、教师教育等领域实施了系列“六卓越、一拔尖”计划，覆盖了千余所高校，惠及 140 余万学生。

八是高等教育的队伍建设不断加强。主要表现在以下三方面：1）高水平的教师队伍建设不断加强。全国高校聘任长江学者 1 681 人，引进“千人计划”专家 2 675 人，引进的“千人计划”专家占创新类人才同期引进总数的近 69%。教育系统共有 1 357 名专家入选国家“万人计划”，占创新类人才入选总数的近 64%。2）高校教职工队伍党建工作明显加强。全国高校教职工党员总数 125 万人，占高校教职工总数的 56%，共有教职工党支部 10.06 万个。3）高校学生队伍的党建工作不断加强。高校在校大学生的党员总数超过 211 万人，占全国高校学生总数的 7.7%，共有学生党支部 7.96 万个。高校学生思想政治教育工作与人才培养工作高度融合，德才兼备、德学兼修的人才培养工作不断得到加强①。

---

① 教育部介绍从数据看党的十八大以来我国教育改革发展有关情况. 教育部网，2017-09-28.

（3）教育投入支撑教育现代化发展。

改革开放初期，我国的教育投入，尤其是在义务教育阶段的教育投入采取了“人民教育人民办”的政策，创造了“穷国办大教育”的奇迹。随着我国经济的快速发展、国家发展重心的转移以及政府向现代公共服务型政府的转型，全国教育总经费、国家财政性教育经费年年飙升，这充分体现了充足的教育经费在保证、促进我国教育发展和改革中的作用，是我国教育现代化发展最重要的支撑和保障。2016 年，我国教育经费投入达到 38 888.39 亿元，约等于 1992 年的 45 倍；2001 年之后，全国教育经费占 GDP 比重一直高于 4%；2012 年至 2016 年，该占比一直高于 5%（见图 2-1）。

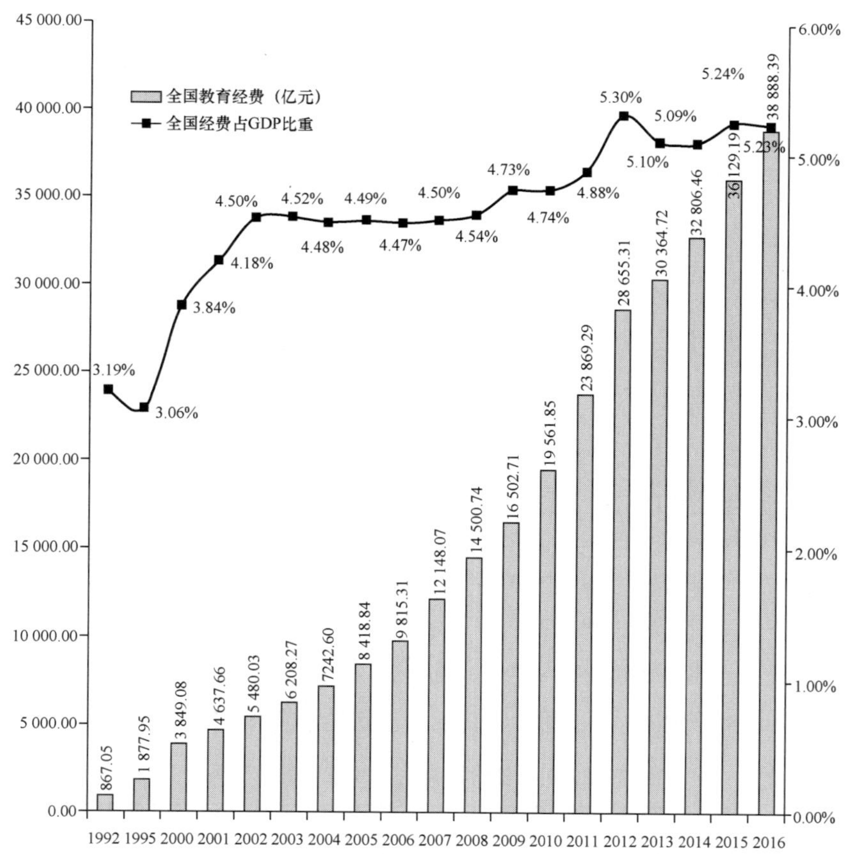


**图 2-1　1992—2016 年全国教育经费投入情况**

注：缺 1993 年和 1994 年的数据。

资料来源：中华人民共和国国家统计局。

与此同时，我国国家财政性教育经费也实现了快速增长，国家财政性教育经费占 GDP 的比例也呈现出逐年提高的趋势。2016 年我国国家财政性教育经费投入为 31 396.25 亿元，首次突破 3 万亿大关，约是 1992 年的 43 倍；2012 年以来，我国国家财政性教育经费已经连续五年超过 GDP 的 4%（见图 2－2）。

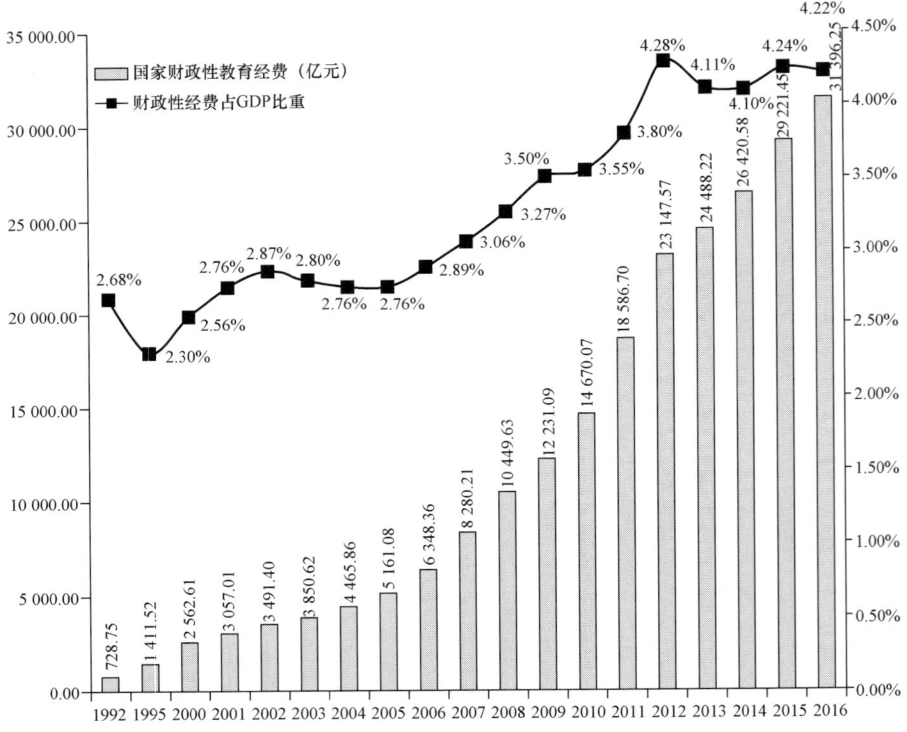


**图 2－2　1992—2016 年国家财政性教育经费投入情况**

资料来源：中华人民共和国国家统计局。

在教育经费总量增长的同时，各级各类教育的生均经费也随之提高，尤其义务教育阶段生均教育事业费的增长最为迅速，如表 2－1 所示。

**表 2－1　　1997—2016 年各级教育生均预算内教育事业费**　　（单位：元）

| 年份 | 普通小学 | 普通初中 | 普通高中 | 职业中学 | 高等学校 |
|---|---|---|---|---|---|
| 1997 | 333.81 | 591.38 | 1 155.36 | 1 084.8 | 6 522.91 |
| 1998 | 370.79 | 610.65 | 1 248.25 | 1 113.67 | 6 775.19 |

续前表

| 年份 | 普通小学 | 普通初中 | 普通高中 | 职业中学 | 高等学校 |
|---|---|---|---|---|---|
| 1999 | 414.78 | 639.63 | 1 269.31 | 1 204.1 | 7 201.24 |
| 2000 | 491.58 | 679.81 | 1 314.99 | 1 349.45 | 7 309.58 |
| 2001 | 645.28 | 817.02 | 1 471.12 | 1 547.32 | 6 816.23 |
| 2002 | 813.13 | 960.51 | 1 565.25 | 1 664.06 | 6 177.96 |
| 2003 | 931.54 | 1 052 | 1 606.58 | 1 684.79 | 5 772.58 |
| 2004 | 1 129.11 | 1 246.07 | 1 758.63 | 1 842.58 | 5 552.5 |
| 2005 | 1 327.24 | 1 498.25 | 1 959.24 | 1 980.54 | 5 375.94 |
| 2006 | 1 633.51 | 1 896.56 | 2 240.96 | 2 163.69 | 5 868.53 |
| 2007 | 2 207.04 | 2 679.42 | 2 648.54 | 3 124.01 | 6 546.04 |
| 2008 | 2 757.53 | 3 543.25 | 3 208.84 | 3 811.34 | 7 577.71 |
| 2009 | 3 357.92 | 4 331.62 | 3 575.6 | 4 262.52 | 8 542.3 |
| 2010 | 4 012.51 | 5 213.91 | 4 509.54 | 4 842.45 | 9 589.73 |
| 2011 | 4 966.04 | 6 541.86 | 5 999.6 | 6 148.28 | 13 877.53 |
| 2012 | 6 128.99 | 8 137 | 7 775.94 | 7 563.95 | 16 367.21 |
| 2013 | 6 901.77 | 9 258.37 | 8 448.14 | 8 784.64 | 15 591.72 |
| 2014 | 7 681.02 | 10 359.33 | 9 024.96 | 9 128.83 | 16 102.72 |
| 2015 | 8 838.44 | 12 105.08 | 10 820.96 | 10 961.07 | 18 143.57 |
| 2016 | 9 557.89 | 13 415.99 | 12 315.21 | 12 227.7 | 18 747.65 |

资料来源：教育部1997—2016年全国教育经费执行情况统计公告。

### 2. 从人口大国向人力资源强国转变

邓小平最早提出“尊重知识，尊重人才”的思想。以江泽民为核心的党的第三代中央领导集体，深刻地认识到世界范围内的科技革命和信息化浪潮带给中国的影响，认真思考了中国拥有的诸多资源的可持续利用与开发问题，在2001年8月7日会见部分国防科技和社会科学专家时创造性地提出了“人才资源是第一资源”。2007年10月15日，胡锦涛在中国共产党第十七次全国代表大会上做的报告中响亮地提出：“优先发展教育，建设人才资源强国。”

习近平总书记也反复强调，“人才资源作为经济社会发展第一资源的特征和作用更加明显，人才竞争已经成为综合国力竞争的核心”。

改革开放以来，随着我国教育事业的发展，国民受教育水平和劳动者素质大幅提升，研究性人才、科技人才占比越来越大，我国向人力资源强国迈出了坚实的步伐。

(1) 国民受教育水平大幅提升。

全国人口普查资料显示，我国人口文盲率在 1982 年是 22.8%，到 2010 年降低到了 4.1%。每十万人中接受过初中、高中、高等教育的人口数迅速增加，尤其是每十万人接受过高等教育的人口数从 1982 年的 615 增加到了 2010 年的 8 930（见表 2-2）。2010 年，15 岁及以上人口平均受教育年限达到 8.34 年，25 岁及以上人口平均受教育年限达到 8.01 年（见表 2-3）。根据《中国人力资本报告 2017》可知，2015 年我国劳动力平均受教育年限达到 10.1 年。2017 年，我国新增劳动力平均受教育年限超过 13.3 年①，相当于大学一年级水平。由以上几组数据可以看出，我国国民受教育水平大幅提升，这极大地促进了我国人力资源水平的快速提高。

**表 2-2　1982 年、1990 年、2000 年、2010 年每十万人中受各阶段教育人口数**

| | 1982 年 | 1990 年 | 2000 年 | 2010 年 |
|---|---|---|---|---|
| 每十万人中接受高等教育人口 | 615 | 1 422 | 3 611 | 8 930 |
| 每十万人中接受高中和中专教育人口 | 6 779 | 8 039 | 11 146 | 14 032 |
| 每十万人中接受初中教育人口 | 17 892 | 23 344 | 33 961 | 38 788 |

资料来源：1982 年、1990 年、2000 年和 2010 年国家统计局全国第三、四、五、六次人口普查数据。

**表 2-3　1982 年、1990 年、2000 年、2010 年全国不同人口群体平均受教育年限的变化**

| | 1982 年 | 1990 年 | 2000 年 | 2010 年 |
|---|---|---|---|---|
| 15 岁及以上人口 | 5.33 | 6.43 | 7.85 | 8.34 |
| 25 岁及以上人口 | 4.26 | 5.79 | 7.42 | 8.01 |

资料来源：根据 1982 年、1990 年、2000 年和 2010 年国家统计局全国第三、四、五、六次人口普查数据计算而得。

① 我国新增劳动力平均受教育年限超过 13.3 年. 新华网，2017-09-28.

（2）劳动力文化程度明显提高。

随着人均受教育年限的提高，我国拥有高中及以上学历的人口数量也有了较大的增长，与此相适应，劳动力文化程度明显提高。根据国家统计局的数据（见图2-3），1982年、1990年、2000年、2010年，三大产业从业人员的人均受教育年限都在稳步提高，具体表现为：随着我国义务教育普及程度的持续提高，第一产业从业人员的整体素质有了相对较快的提高，而第二、第三产业从业人员中大专及以上受教育水平的人员比例有了明显的提高。

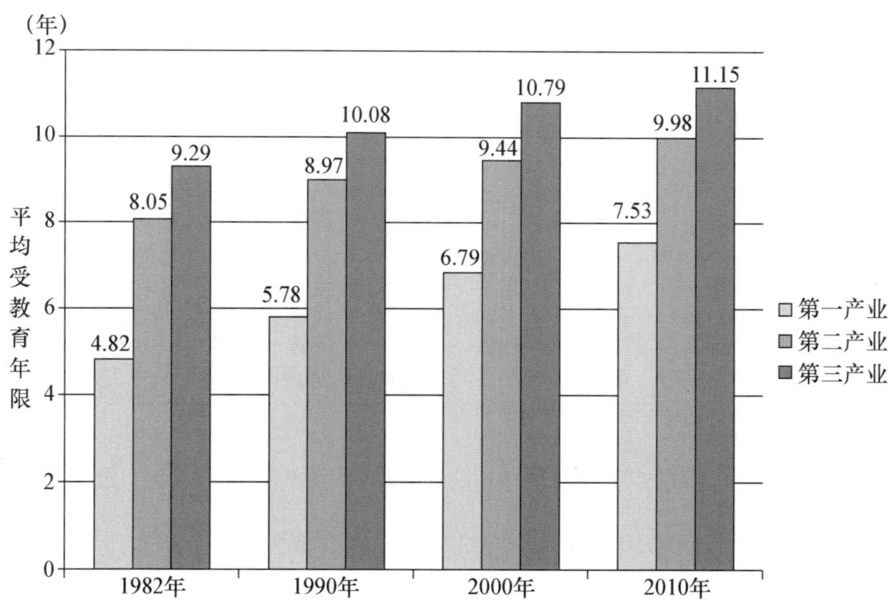


**图2-3　1982年、1990年、2000年、2010年我国三大产业从业人员平均受教育年限比较**

资料来源：中华人民共和国国家统计局。

（3）科技人才逐年增多。

随着科教兴国战略的持续推进和国民受教育水平的显著提高，我国科技人才数量逐年增多。科学研究与试验发展（research and development，R&D）人员是科技活动的核心要素。近年来，全国R&D人员数量一直保持高速增长态势。从2010年开始，我国R&D人员全时当量超过了美国，位居全球第一。截止到2015年，中国R&D人员全时当量数占全球总量（世界41个主要国家和地区合计数）的比重从2009年的18.8%上升到2015年的21.9%，美国的比重则从20.5%下降到18.6%。

2016年，我国R&D人员总量达到169.2万人年，其中R&D研究人员占R&D人员比重为43.6%，规模以上工业企业R&D人员全时当量达270万人年。2010—2016年规模以上工业企业R&D人员全时当量变化如图2-4所示。

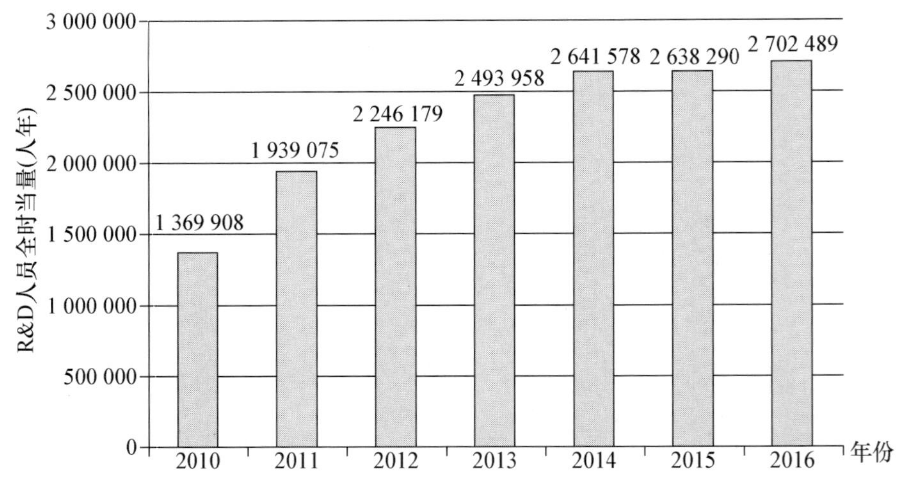


**图2-4 我国2010—2016年规模以上工业企业R&D人员全时当量**

资料来源：中华人民共和国科学技术部，中华人民共和国国家统计局。

（4）跨入人力资源强国之列。

教育部的《2015年人力资源强国评价报告》（简称《报告》）显示：中国正在跨越门槛，进入人力资源强国行列①。

人力资源强国是一个整体和综合的概念，是以一个国家为单位考察和评价人力资源开发水平和竞争能力的思想理论。人力资源是指能够推动国民经济和社会发展的、具有智力劳动和体力劳动能力的人的总和，包括数量和质量两个方面。

---

① 高书国．人力资源强国：中国正在跨越门槛．中国教育报，2016-01-28（3）．

人力资源竞争力是指一个区域在所从属的区域中对人力资源要素的优化培植能力，在某种程度上，它反映了该区域在该环境中对人力资源要素的聚集、开发和利用能力。人力资源竞争力由人力资源数量结构、人力资源质量、人力资源能力和人力资源贡献四个维度构成，即四维分析模型。在国家或地区层面，人力资源竞争力是具有劳动能力人口规模与质量的总称，是最重要的财富基础和战略资源。人力资源强国是中国特色的创新概念，是指人力资源总量丰富、开发充分、结构合理、效能发挥达到世界先进水平的国家，包括人力资源数量结构、开发质量、开发能力及贡献四方面重要因素。

2015 年人力资源竞争力评价指标体系的设计思路是：关注人，关注人的发展，关注人的全面发展和共同发展。具体来说，以人口再生产、人的全面发展和人力资源理论为指导，以数量为基础，更加重视数量与质量的结合；以总量为基础，更加重视总量与人均相结合；以宏观数据为基础，更加重视宏观数据与微观数据相结合。同时，关注历史与现实，从历史数据看世界各国人力资源竞争力变化，从现实层面分析各国人力资源竞争的优势与不足。在指标设计上，以数量结构为基础，以开发质量为核心，以开发能力为重点，突出人力资源发展水平和知识贡献。

《2015 年人力资源强国评价报告》通过对相关研究成果统计数据的分析，认为美国人力资源综合竞争力排名保持第一，中国人力资源竞争力提升速度居于首位，发达国家竞争力排名出现结构性变化，金砖国家人力资源开发能力整体增强。

该研究从宏观层面、中观层面和微观层面，深入研究、分析了 2000 年至 2012 年世界人力资源竞争力发展演变趋势；研究、分析了在人力资源数量结构、人力资源开发质量、人力资源开发能力和人力资源贡献方面各国竞争力变动特点；研究、分析了 18 项指标中世界各国的优势与劣势、增长与消退。

《报告》将人力资源竞争力划分为人力资源强国（指数在 0.800 以上）、人力资源大国（0.790～0.750）、人力资源中等国（0.749～0.700）和人力资源弱国（0.700 以下）。2015 年人力资源竞争力统计数据表明，在所调查的 52 个国家中，竞争力指数高于 80 分的共有 10 个国家，75 分至 79 分的国家有 13 个，70 分至 74 分的国家有 12 个，69 分及以下的国家有 17 个。据此，将进入世界人力资源竞争力前 10 位的国家称为人力资源强国。

中国在人力资源强国建设方面取得了巨大成就和重要进展。2000 年，中国人力资源竞争力排名第 31 位，2005 年排名第 26 位，2010 年排名第 23 位，2012 年大幅上升到第 14 位。中国的人力资源强国建设已成为发展中国家的典范，主要表现在以下两方面：

第一，中国在人力资源数量、结构上依然保持比较优势。尽管中国劳动力人口数量开始缓慢下降，但在一定时期内中国人口和人力资源的规模优势仍将持续存在。这将为中国人力资源强国建设和推进经济增长提供重要的动力之源。中国的人口规模和劳动力比例综合指数排名长期处于世界第一。中国在人力资源强国方面的绝对优势，为中国保持人力资源竞争优势提供了重要保证。

第二，中国的人力资源开发能力和开发质量持续提升。在人力资源开发质量方面，科学家与工程师规模增长高达 102%，每 10 万人口中科学家与工程师的人数上升了 87.82%。从纵向来看，中国政府历来高度重视教育、卫生及人力资源开发投资，公共教育、卫生经费、人均公共教育及卫生经费投入水平逐年提高。2012 年，国家财政性教育经费占 GDP 的比重首次超过 4%，达到 4.28%；国家财政性卫生经费占 GDP 比重为 2.21%。

中国成为最有可能跻身人力资源强国的发展中国家。

## 二、素质教育全面推进

新中国成立以来，在党的教育方针和国家各项教育政策、法规中，“促进学生全面发展”是一贯的最基本的要求，而且随着社会进步对人的全面发展要求不断提高，其内涵也在不断丰富和发展。

### 1. 党和国家历届领导人都高度重视素质教育

毛泽东曾多次在讲话中提到，我们的教育方针，应当使受教育者在德育、智育、体育几方面都得到发展，成为有社会主义觉悟的有文化的劳动者。毛泽东做过许多著名的教育批示，他对只重视考试分数轻视实践能力的教育弊端深恶痛绝。1964年，他对北京铁路中学校长关于减轻中学生负担的一份报告做出批示："现在学校课程太多，对学生压力太大。讲授又不甚得法。考试方法以学生为敌人，举行突然袭击。这三项都是不利于培养青年们在德、智、体诸方面生动活泼地主动地得到发展的"①。

改革开放初期，由于高等教育在"文化大革命"中停顿了10年之久，中国高等教育资源供给能力也严重不足，数以千万计的青少年渴望上大学的迫切心愿难以满足，他们只有通过"千军万马挤独木桥"的方式为自己争取发展机会。不难想象，当时中国各地的普通高中为了满足人们对享受高等教育机会的渴望，不得不敞开大门承受巨大的生源压力，甚至还举办了不同年龄段的"复读生班"，有的班级人数高达150多。为了增强高考竞争力，为了应付高考，学校不得不采取一切可以做到的但非常不利于学生全面发展的"分数战术""题海战术""汗水战术"，由此带来了一系列教育偏差问题。

在相当长的一段时间内，一些高中教育为适应以高考为目标的教学策略，片面追求升学率。客观上，高考竞争愈是激烈，"应试"压力愈是下沉，而分解压力的方式愈是多样化。比如，初中毕业与升学考试、小学升学与择校考试，无不以适应未来高考竞争为目标，学生学习负担过重，成为整个基础教育存在的问题和社会关心的大问题。

邓小平早就深刻地认识到这一问题的严重性，指出教育要着力提高学生的思想道德水平，培养"四有"新人，培养合格的劳动者。1983年，邓小平亲笔为北京景山学校题词，提出"教育要面向现代化，面向世界，面向未来"，这为矫正中小学片面追求升学率的不良倾向和推进以提高劳动者素质为目的的教育新理念指明了方向。

1994年6月14日，李鹏总理在改革开放以来党中央、国务院召开的第二次全国教育工作会议上指出："必须下决心纠正长期存在的单纯应付

① 中华人民共和国教育部，中共中央文献研究室．毛泽东邓小平江泽民论教育．北京：中央文献出版社，2002：77.

考试的倾向。这种不良倾向使学校和学生忽视德育、体育，脱离实际，脱离社会，不注重素质的全面提高而一味应付考试。如果不认真解决这个问题，势必误人子弟，造成严重后果。”1994 年 6 月 17 日，李岚清副总理在讲话中指出：“现在社会上对教学改革的呼声很强烈。基础教育必须从‘应试教育’转到‘素质教育’的轨道上来，全面贯彻教育方针，全面提高教育质量。”

随后，素质教育成为中国基础教育改革的主题词。教育理论界和舆论界不断探讨素质教育的内涵与经验，诸如湖南汨罗的素质教育经验和各地的教学改革经验如雨后春笋般出现，形成了 20 世纪中国教育观念大改革的高潮。

1999 年 6 月 15 日，江泽民在第三次全国教育工作会议上强调了素质教育的重要性，他说：“我们必须全面贯彻党的教育方针，坚持教育为社会主义、为人民服务，坚持教育与社会实践相结合，以提高国民素质为根本宗旨，以培养学生的创新精神和实践能力为重点，努力造就‘有理想、有道德、有文化、有纪律’的，德育、智育、体育、美育等全面发展的社会主义事业建设者和接班人。”《中共中央国务院关于深化教育改革全面推进素质教育的决定》的颁布和第三次全国教育工作会议的召开，明确提出实施素质教育的思想，进一步强调了实施素质教育的重要性和紧迫性。

在第三次全国教育工作会议以后，素质教育在国家教育政策的推动下进入全面实施阶段，并且有了国家法律的保障。2006 年 6 月 29 日全国人大通过了新修订的《中华人民共和国义务教育法》，将全面实施素质教育写入法律条文，对实施素质教育做出了明确的法律规定，标志着素质教育开始步入依法推进的轨道，实施素质教育已经成为国家意志。

2007 年 8 月 31 日，胡锦涛在全国优秀教师代表座谈会上发表讲话时指出：“当今世界，经济全球化深入发展，科技进步日新月异，国际竞争日趋激烈，知识越来越成为提高综合国力和国际竞争力的决定性因素，人才资源越来越成为推动经济社会发展的战略性资源，教育的基础性、先导性、全局性地位和作用更加突出。中国的未来发展，中华民族的伟大复兴，归根结底靠人才，人才培养的基础在教育。”他强调，要全面实施素质教育，改进培养模式、教学内容、教育方法，着力提高教育质量。在党的十七大报告中胡锦涛更加明确地强调：“要全面贯彻党的教育方针，坚持育人为本、德育为先，实施素质教育，提高教育现代化水平，培养德智体美全面发展的社会主义建设者和接班人，办好人民满意的教育。”

2014 年 10 月 15 日，习近平总书记在《在文艺工作座谈会上的讲话》中多处提到“美”。习近平总书记提出：“追求真善美是文艺的永恒价值。艺术的最高境界就是让人动心，让人们的灵魂经受洗礼，让人们发现自然的美、生活的美、心灵的美。”今天，美育的价值不仅逐步得到学校、家庭和社会的认同，而且越来越受重视。例如，以农业为主的重庆市铜梁区，年人均财政收入较低。但铜梁区委、区政府在财政紧张的情况下投入 150 万元艺术专项经费，用于改善学校艺术教育的教学场地、设施设备、功能室建设。

2016 年 9 月 9 日，习近平在北京市八一学校考察时指出：“素质教育是教育的核心，教育要注重以人为本、因材施教，注重学用相长、知行合一，着力培养学生的创新精神和实践能力，促进学生德智体美全面发展。”党的十九大报告站在新的历史起点上，要求“全面贯彻党的教育方针，落实立德树人根本任务，发展素质教育，推进教育公平，培养德智体美全面发展的社会主义建设者和接班人”。从实施素质教育，到发展素质教育，就是要不忘初心，以人的全面发展为中心，坚持立德树人，不断增强人民的获得感，办好人民满意的教育。教育强则国家强。高等教育发展水平是一个国家发展水平和发展潜力的重要标志。实现中华民族伟大复兴，教育的地位和作用不可忽视。习近平总书记指出：“我们对高等教育的需要比以往任何时候都更加迫切，对科学知识和卓越人才的渴求比以往任何时候都更加强烈。”① 我国高等教育肩负着培养德智体美全面发展的社会主义事业建设者和接班人的重大任务，必须坚持正确的政治方向。高校立身之本在于立德树人。只有培养出一流人才的高校，才能成为世界一流大学。办好我国高校，办出世界一流大学，必须牢牢抓住全面提高人才培养能力这

---

① 习近平．习近平谈治国理政：第 2 卷．北京：外文出版社，2017：376.

个核心点，并以此来带动高校其他工作。

素质教育，是中国在改革开放时期社会主义教育实践探索中形成的中国化的教育新理念、新制度、新实践，是中国教育界对马克思主义有关“全面而自由的发展”观点的发展。它的核心是根据社会发展对人的素质教育的要求，充分注重人的本质和潜能，注重学生终身学习能力的培养，其精神主旨就是鼓励学生在受教育的过程中独立自主、创造性地全面发展，成为推动未来社会全面进步的创新型人才。

党和国家领导人反复强调素质教育的重要性和必要性，这说明素质教育在实践中具有极大的艰巨性和复杂性。如何实施和发展素质教育，中国在教育理论与实践方面一直进行着艰辛的探索，其中有经验也有教训。

### 2. 育人为本、德育为先

改革开放以来，党和政府高度重视下一代的思想政治道德教育，努力提高未成年人思想道德素质。为了加强未成年人和大学生思想政治教育，中共中央国务院先后颁布了《公民道德建设实施纲要》《关于进一步加强和改进未成年人思想道德建设的若干意见》《关于进一步加强和改进大学生思想政治教育的意见》等重大政策，这些政策对推进思想政治教育改革与创新起到了非常重要的指导作用。教育部于 2017 年 8 月印发了《中小学德育工作指南》，旨在落实立德树人根本任务，不断增强中小学德育工作的时代性、科学性和实效性，进一步提高中小学德育工作水平。

中小学是促进学生完成社会化过程的基础阶段，是青少年道德、行为、习惯养成的关键时期。学校德育教育紧紧围绕把社会主义核心价值体系融入国民教育全过程的重点任务，从抓好学生基本道德规范和文明行为习惯的养成教育入手，克服不切实际的大而空的教育内容和教育方法，使学校德育工作更贴近学生成长的实际需要，促进了学生身心的健康成长。

在历次重大国家政治活动中，在历次抗击自然灾害的斗争中，中国各级各类大中小学的学生都表现出强烈的爱国主义精神、高度的组织纪律性和无私的奉献精神。例如，在 2008 年 5 月 12 日，四川汶川等地发生强烈地震，面对突如其来的自然灾害，许多少年儿童表现出色，有的克服自身恐惧，奋力自救；有的不畏危险，机智营救老师和同学；有的乐观向上，顽强地与伤痛做斗争；还有的关爱他人，乐于奉献，积极加入志愿者行列，尽自己的一份力，为抗震救灾做贡献。这些感人事迹充分展现了当代少年儿童自强自立、积极进取、团结互助的优秀品质和良好的精神风貌，充分展示了中国素质教育在德育方面的成就。

教育部门推出了各式各样的德育活动，例如1997年，教育部关心下一代工作委员会决定开展“五好小公民”主题教育活动，并把这项活动交给了课堂内外杂志社承办，在教育部关心下一代工作委员会历届领导的悉心指导下，在各级教育系统关心下一代工作委员会的大力支持下，在课堂内外杂志社相关人员的辛苦努力下，“五好小公民”主题教育活动已成为教育系统加强和改进青少年思想道德建设的一个重要途径，成为深受亿万青少年喜爱的一项重要的德育活动。在2012年的“五好小公民”15周年表彰会上，教育部领导对该活动给予高度评价：这项活动紧紧围绕党的方针政策、教育的中心任务及形势发展，始终以社会主义核心价值体系为统领，以德育为主线，努力贴近实际、贴近生活、贴近青少年的需要，深受学校、家长和学生的欢迎，全国30个省、自治区、直辖市约1.85亿人次青少年参与活动、受到教益，成为教育系统加强和改进青少年思想道德建设的重要抓手。

党的十八大以来，全国教育系统把社会主义核心价值观贯彻到依法治教、依规治校的实践中，修订《中小学生守则》，制定《中等职业学校学生公约》《中小学教师行为规范》和《中小学教师违反职业道德行为处理办法》，推进大学章程建设，强化规章制度实施力度，在学校日常管理中彰显、渗透社会主义核心价值观。如今，越来越多的地方和高校将思想政治工作纳入学校的发展规划、大学章程和教育综合改革实施方案之中。高校思想政治教育的思想基础越来越牢固，网络阵地建设正在快速推进。在全国现有的近7万名思政课教师和13万名辅导员中，中青年教师已成为思政课教学的主要力量。

### 3. 加强体育，增强体质

改革开放以来，人们的物质生活水平普遍提高，伴随着独生子女政策的成功施行，青少年的物质生活水平得到了极大改善。在这种情况下，由于中国家庭普遍存在过度关心孩子饮食及营养不当的问题，加之学校偏重智育，轻视体育，以及网络游戏的快速发展，新生代特别是20世纪80年代后期及以后出生的学生身体素质呈现明显下降趋势。2006年，陈至立在全国学校体育工作会议上谈道："体质检测数据表明，尽管青少年的营养水平和形态发育水平不断提高，但青少年学生的部分体能素质指标近二十年来持续下降；超肥胖学生的比例迅速增加，城市超重与肥胖的男生已接近了1/4；中学生的视力不良率已经超过了2/3，大学生的视力不良率高达83%。在2005年高校招生中，有85%的考生报考专业受限；在近两年的征兵工作中，有63.7%的高中毕业生因体检不合格被淘汰。这些数据给我们以强烈的警示。"青少年身体素质的普遍下降，引起了社会的广泛关注。

青少年的健康是国家的财富，更是每一个人健康成长和实现幸福生活的根基。陈至立指出：必须全面地认识体育对强身健体、培养情操、弘扬民族精神、启迪智慧、壮美人生的重要作用，认识学校体育工作对全面贯彻党的教育方针、提升青少年全面素质和展示民族精神风貌的重要意义。要从战略高度认识加强学校体育工作的重要性、紧迫性，加强领导，真抓实干，取得成效。要真正树立科学的人才观，从指导思想、评价体系、体制机制、政策导向等方面采取综合措施，加强学校体育工作，增强学校体育工作的生机活力和吸引力。要保证上好体育课，保证学生每天参加一小时的体育锻炼，让"每天锻炼一小时，健康生活一辈子"的理念深入人心。要建立和完善监督机制，确保学校体育工作各项政策措施落到实处。全社会都要支持学校体育工作，关心青少年学生的健康成长。

2007年4月23日，中共中央政治局召开专门会议，专题研究加强青少年体育工作和网络文化建设工作，胡锦涛同志主持了会议。4月29日上午，"全国亿万青少年学生阳光体育运动"全面启动，中共中央政治局常委李长春出席了启动仪式，时任国务委员陈至立主持了启动仪式。"全国亿万青少年学生阳光体育运动"是新时期加强青少年体育、增强青少年体质的战略举措。这一活动的目的，就是要通过阳光体育的抓手作用，促进各级各类学校形成浓郁的校园体育锻炼氛围和全员参与的群众性体育锻炼风气，吸引广大青少年学生走向操场、走进大自然、走到阳光下，积极主动参与体育锻炼，培养学生体育锻炼的兴趣和习惯，有效提高学生体质健康水平。

经过相关部门的持续努力，我国青少年身体素质下降趋势得到遏制。2010 年学生体质健康监测调研结果显示①，中小学生身体素质持续 20 年下滑的趋势得到初步遏制，中小学生的爆发力、柔韧性、力量、耐力等身体素质指标与 2005 年相比，有了不同程度的提高。调研结果还显示，我国 7 至 22 岁学生体质健康状况总体有所改善，形态发育继续提高，营养状况继续改善。肺活量水平出现上升拐点，乡村小学生蛔虫感染率降低。其中，与 2005 年相比，反映下肢爆发力的立定跳远成绩有所提高，7 至 18 岁城市男生、城市女生、乡村男生分别平均增长 1.12 厘米、1.03 厘米、0.76 厘米；与 2005 年相比，反映身体柔韧度的坐位体前屈成绩有所提高，7 至 18 岁城市女生、乡村男生、乡村女生分别平均增长 0.49 厘米、0.04 厘米、0.53 厘米。

习近平总书记指出，“身体是人生一切奋斗成功的本钱，少年儿童要注意加强体育锻炼，家庭、学校、社会都要为少年儿童增强体魄创造条件，让他们像小树那样健康成长，长大后成为建设祖国的栋梁之才”②。

党的十八大以来，我国学校体育工作注重将顶层设计的开创性与脚踏实地的可行性相结合，实现顶层设计开拓与基层探索创新的良性互动，以兴趣为引导，注重培养学生的运动爱好和技能，着力满足广大学生多样化的体育需求，推动学校体育不断改革、发展创新，推动学生养成终身锻炼的习惯。学生的身高、体重等形态指标持续增长，学生体质健康标准达标合格率达到 95%以上。2012 年国务院办公厅转发了教育部等部门《关于进一步加强学校体育工作的若干意见》。继 2011 年把“保证每天一小时体育活动时间”写进政府工作报告后，党的十八届三中全会又发出了“强化体

---

① 李小伟，张东．中小学生身体素质不再下滑．中国教育报，2011-09-08（2）．

② 刘延东．深入学习贯彻习近平总书记系列重要讲话精神 推动学校体育工作再上新水平．中国教育报，2017-10-27（1）．

育课和课外锻炼，促进青少年身心健康、体魄强健”的时代强音。在教育部原体育卫生与艺术教育司司长王登峰看来，这是继《中共中央国务院关于加强青少年体育增强青少年体质的意见》颁布以来，党中央又一次对学校体育工作提出的重要而明确的要求。他指出，“近年来，学校体育工作越来越融入到经济社会发展大局和教育改革全局中，这促进了青少年健康成为各级党委政府的自觉行动，也让‘健康第一’的思想日益成为全社会的高度共识”。

2016 年，国务院办公厅转发了《关于强化学校体育促进学生身心健康全面发展的意见》，在政策和制度设计上实现“三个纳入”：一是学校体育工作和学生体质健康水平已经被正式纳入地方政府绩效考核指标体系；二是把学校体育和学生体质健康纳入教育现代化和教育办学水平评价指标体系；三是将学校学生的体质健康、运动技能全面纳入体育中考。2017 年，国务院教育督导办印发了学校体育工作督导评估管理办法和评估指标体系，学校体育质量控制、工作绩效评价、办学条件改善等关键环节有了制度依据。随后，体育总局等 7 部门联合制定印发了《青少年体育活动促进计划》，以习近平新时代中国特色社会主义思想为指导，到 2020 年广大青少年体育参与意识和锻炼习惯基本养成，从广泛开展体育活动、加强体育组织建设、统筹完善体育活动场地设施、强化运动技能培训、推进指导人员队伍建设、加强科学健身研究与普及、加强体育文化教育等多方面提出推进青少年体育活动的主要任务。随着一系列学校教育制度、文件的出台，学校体育的发展步入了法制化、规范化、科学化的轨道。

## 三、教育体制改革深入推进

改革开放以来，中国社会最深刻的变革就是逐步建立起了社会主义市场经济体制，这对社会生产、社会生活的方方面面产生了巨大影响。教育如何适应逐渐变化着的经济体制、科技体制乃至政治体制等历史性变革带来的巨大冲击，成为教育发展面临的重大挑战和重要抉择，其重要性、必要性和紧迫性日益明显。

### 1. 教育体制改革历程总览

(1) 教育体制改革的重要性。

改革开放之初，从“文化大革命”的混乱和凋敝中走出来后，党和政府带领人民重新开始搞建设，许多领域很快恢复了“文化大革命”以前的工作模式、工作状态，高涨的发展建设热情使人们还来不及对现实问题做过多的和过于深入的探讨。随后，推进教育发展的工作遇到了各种各样的问题，包括学制问题、教材问题、教师的地位和待遇问题、知识分子政策问题、各级各类学校的管理问题、考试和评价问题、学校系统的建设和各类学校的关系问题等。中国在教育经历了停滞和混乱的十年之后，不仅原来行之有效的一些做法过时了，而且教育事业发展面临的一些新问题也找不到现成的解决途径和机制，教育的发展很快进入“高原期”，也很快引起了教育界、学术界和社会各方面的高度关注。在上述诸多的教育问题背后，体制的问题逐渐明晰并凸显出来。面对因体制制约造成的影响，体制改革被锁定为中国教育改革的首要问题。

从 20 世纪 80 年代中期开始，人们已经对教育体制的问题有了诸多的认识和感受，普遍认为当时的教育体制极不符合教育发展的需求，教育体制中存在的问题是制约整个教育良性发展的最明显的障碍，相关的改革势在必行。1985 年颁布的《中共中央关于教育体制改革的决定》为这一事关中国教育发展前景的伟大探索吹响了军号。

1982 年，党的十二大提出以计划经济为主、市场调节为辅的改革思想；1984 年，党的十二届三中全会提出商品经济是社会经济发展不可逾越的阶段，中国社会主义经济是公有制基础上的有计划的商品经济。经济体制改革的起步牵动了中国社会整体发展的大动脉。教育体制改革的问题开始引起广泛关注，人们认识到教育事业的落后和教育体制的弊端已经成为教育改革要解决的重要问题。

(2) 教育体制改革不断深化。

改革开放以来，我国的教育体制改革持续推进，一系列标志性决策的出台体现了教育体制改革的不断深化。

1)《中共中央关于教育体制改革的决定》。

党的十一届三中全会后，教育事业得到恢复和发展，但轻视教育、知识和人才的问题仍然存在，教育不适应社会主义现代化建设的局面还未根本扭转，在对外开放、对内搞活，经济体制改革全面展开和新技术革命兴起的形势下，教育的落后及其体制的弊端更加凸显，主要表现在教育事业管理权的划分，教育结构以及教育思想、内容和方法的改善等方面。党中央认为，要从根本上改变现状，“必须从教育体制入手”。在教育事业管理权限划分上，政府有关部门对学校主要是对高等学校统得过死，使之缺乏应有的活力，而政府应管的事又没有管好。在教育结构上，基础教育薄弱，学校数量不足、质量不高，合格师资和必要设备严重缺乏，经济建设急需的大量职业技术教育没有得到应有发展，高等教育内部的科系、层次比例失调，需要在各个方面推进改革。因而，1985 年，我国颁布了《中共中央关于教育体制改革的决定》。

2)《中国教育改革和发展纲要》。

党的十四大确定了 20 世纪 90 年代中国改革和建设的主要任务，明确提出“必须把教育摆在优先发展的战略地位，努力提高全民族的思想道德和科学文化水平，这是实现我国现代化的根本大计”。1993 年，我国出台了《中国教育改革和发展纲要》。1994 年，高校进行了并轨收费招生、鼓励民办教育的发展等尝试，办学体制、投入体制的改善，管理模式的多元化和相关探索显示了管理体制的改革尝试。成人教育、职业教育的发展体现出人才培养体制的改革与变化。

3)《面向 21 世纪教育振兴行动计划》。

党的十五大提出了跨世纪发展社会主义现代化建设的目标与任务，对落实科教兴国战略做出全面部署。我国在以往改革的基础上，进一步解放思想，根据当时改革和发展的实际，调整和优化教育改革和发展的思路，于 1999 年提出了《面向 21 世纪教育振兴行动计划》。该计划提出了跨世纪教育改革和发展的施工蓝图，即坚持全面规划、突出重点、抓住关键、重在落实的方针确定了包括教育体制改革在内的一系列行动计划的主要、具体的目标，全面推进教育的改革和发展，提高全民族的素质和创新能力。确立教育优先发展和科教兴国的战略，确立以县为主的义务教育投入与管理制度。进行高校招生、研究生培养等方面的放权尝试，开始高校后勤社会化的探索，部分高校进行了合并等形式的调整，1994 年实施“211 工程”，1999 年确立“985 工程”，高等教育兼顾普及与提高双重目标。根据义务教育发展的需要，推动在 2000 年时“两基”目标得以实现；实施跨世纪“素质教育工程”和“园丁工程”等；针对职业教育出现滑坡的情况进行积极探索；公立学校的改制和对民办学校的规范经历了多年的实践，面对新世纪的挑战，1998 年开始连续 4 年安排国债资金 120 多亿支持教育；强调要深化教育体制改革。

4）《2003—2007 年教育振兴行动计划》。

为使教育实现突破性、跨越式发展，逐步提高国民受教育的程度，应对来自各方面的严峻挑战，2004 年我国出台了《2003—2007 年教育振兴行动计划》。该计划提出了教育改革的历史性任务：建构中国特色社会主义现代化教育体系，为建立全民学习、终身学习的学习型社会奠定基础，培养数以万计的高素质劳动者、专门人才和拔尖创新人才，把巨大的人口压力转化为强大的人力资源优势，加强教育同科技、经济、文化、社会的结合，为现代化建设提供更大的智力支持和知识贡献。该计划提出的教育体制改革包括人事聘任制度、教育投入制度、宏观及内部管理体制、办学体制，还涉及完善行政法律和制度创新等。该计划提出后，基础教育和高等教育的体制改革受到特别关注，职业教育与成人教育的体制改革须寻求新的思路和增长点。同时，强调教育投入体制的改变，明确了各级政府的投入责任。校长职权的确定受到普遍关注，相关法律建设也加大了力度。教育的公益性得到体制保障，片面的“教育产业”提法得到规范。民办教育的重要作用在开放的办学体制中得到较充分的发挥，不规范的办学体制“探索”受到限制，《中华人民共和国民办教育促进法》在艰难中诞生。职业教育得到大量经费投入支持，相关改革思路也在调整面对高等教育大众化的挑战，质量就业、贫困生等问题得到政策支持，高校教学质量评估逐渐展开，其结构和布局问题也受到关注。

5）《国家中长期教育改革和发展规划纲要（2010—2020年）》。

根据党的十七大关于“优先发展教育，建设人力资源强国”的战略部署，为促进教育事业科学发展，全面提高国民素质，加快社会主义现代化进程，2010年我国制定了《国家中长期教育改革和发展规划纲要（2010—2020年）》。该教育规划纲要提出战略目标：到2020年，基本实现教育现代化，基本形成学习型社会，进入人力资源强国行列。一是实现更高水平的普及教育。基本普及学前教育；巩固提高九年义务教育水平；普及高中阶段教育，毛入学率达到90%；高等教育大众化水平进一步提高，毛入学率达到40%；扫除青壮年文盲。二是形成惠及全民的公平教育。坚持教育的公益性和普惠性，保障公民依法享有接受良好教育的机会。建成覆盖城乡的基本公共教育服务体系，逐步实现基本公共教育服务均等化，缩小区域差距。三是提供更加丰富的优质教育。教育质量整体提升，教育现代化水平明显提高。优质教育资源总量不断扩大，更好满足人民群众接受高质量教育的需求。四是构建体系完备的终身教育。学历教育和非学历教育协调发展，职业教育和普通教育相互沟通，职前教育和职后教育有效衔接。五是健全充满活力的教育体制。进一步解放思想，更新观念，深化改革，提高教育开放水平，全面形成与社会主义市场经济体制和全面建设小康社会目标相适应的充满活力、富有效率、更加开放、有利于科学发展的教育体制机制，办出具有中国特色、世界水平的现代教育。同时，提出坚持育人为本、坚持德育为先、坚持能力为重和坚持全面发展的战略主题。

6）《关于深化教育体制机制改革的意见》。

2017年，我国出台了《关于深化教育体制机制改革的意见》，研制了“中国教育现代化2035”，教育改革顶层设计更加完善。加强中小学志愿服务、劳动教育、研学旅行、职业体验等实践环节，深入推进高校创新创业教育改革，努力培养学生的创新精神、实践能力和社会责任感。2017年我国全面启动了自恢复高考以来最系统、最全面的一次改革，由31个省份形成实施方案，上海、浙江成功试行新高考。分类招考成为高职院校招生主渠道，2017年招生比例超过50%。加快推进中考改革，推行初中学业水平考试，实施综合素质评价，更好发挥素质教育的导向作用。

### 2. 各级各类教育的体制改革

(1) 基础教育的体制改革：义务教育政府办。

新中国成立以后，基础教育事业有了很大发展。新中国成立后到改革开放以前，中国曾提出过发展意义上的扫除青壮年文盲的“普及教育”概念，但并没有使用法律意义上的“义务教育”概念。1985年《中共中央关于教育体制改革的决定》提出“实行九年制义务教育”，并指出“我国基础教育还很落后，这同我国人民建设富强、民主、文明的现代化社会主义国家的迫切要求之间，存在着尖锐矛盾，决不能任其继续。现在，我们完全有必要也有可能把实行九年制义务教育当作关系民族素质提高和国家兴旺发达的一件大事，突出地提出来，动员全党、全社会和全国各族人民，用最大的努力，积极地、有步骤地予以实施。为此，需要制订义务教育法，经全国人民代表大会审议通过后颁行”。次年，《中华人民共和国义务教育法》正式颁布实施。

但由于中国区域之间经济社会发展的不平衡和明显存在的城乡二元结构，各地发展基础教育的财政能力存在巨大差距，这也就导致了在普遍发展基础上区域之间、城乡之间基础教育差距的扩大。

为了解决出现的新矛盾，中央政府的行为和作用逐渐加强。1993年，中共中央、国务院颁布《中国教育改革和发展纲要》，提出了“低重心”的教育发展战略，把“两基”作为20世纪90年代教育发展的“重中之重”。同时，该纲要还提出了分区规划、分类指导、分步实施的原则和教育普及路线图，创造性地对各地基础教育的发展进行因地制宜的指导和帮助。

针对义务教育阶段的薄弱环节和发展不均衡的问题，国家采取了有力措施巩固普及成果，继续组织实施“东部地区学校对口支援西部贫困地区学校工程”、“大中城市学校对口支援本省（自治区、直辖市）贫困地区学校工程”和开展对西部地区“两基”攻坚县教育对口支援工作；把农村初中义务教育作为普及九年义务教育巩固提高的重点，采取措施切实降低农村初中辍学率；将残疾儿童少年的义务教育作为普及九年义务教育巩固提高工作的重要任务。中国实现“两基”目标的过程可谓扎扎实实、着眼长远，被人们誉为富民强国的“奠基工程”。

2000年3月，国务院决定在安徽省开展农村税费改革试点，探索建立规范的农村税费制度和从根本上减轻农民负担的办法，从而揭开了农村税费改革的序幕。要改革、减免农村税费，要减轻农民负担，那么改革后的农村义务教育经费如何保障？这成为时任国务院总理朱镕基的关注重点。2001年7月18至21日，朱镕基亲率教育部、财政部等中央部委领导到安徽考察，并召开农村基础教育工作座谈会，听取了广大乡村干部、教育主管部门人员、中小学校长和教师的情况介绍及意见。在详细了解了教师工资水平、教师工资拖欠情况、中小学生杂费书本费、中小学服务覆盖半径等情况后，朱镕基指出：义务教育是政府的责任，在农村税费改革中必须首先确保农村义务教育的经费，要保证农村中小学教师工资发放，保证学校正常运转，保证危房得到改造和修缮；学校布局调整要实事求是、量力而行；同时要进一步严格规定农村中小学收费标准，严禁乱收费，切实减轻学生家长负担。

为了更好地促进中国基础教育发展，2001年，国务院召开全国基础教育工作会议，对农村义务教育管理体制进行了重大改革，明确了农村义务教育“实行在国务院领导下，由地方政府负责、分级管理、以县为主的体制”，并要求中央和各级政府加大财政转移支付力度。“以县为主”的管理体制从总体上促进了中国农村义务教育的发展，应该继续坚持和落实，同时也应该得到进一步的完善和发展，特别是不能被错误地理解为教育投入仅以县为主。“管理以县为主，投入分级负担”，强调提供公共服务的各级政府对九年义务教育的责任，明确各级政府发展义务教育的财政责任。鉴于当时中国区域之间、城乡之间经济社会发展的巨大不平衡性和差异性，强调这一原则就更具现实意义。

实行免费义务教育，建立义务教育经费保障新机制。2005年11月28日，温家宝在联合国教科文组织第五届全民教育高层会议上的致辞中向世界庄严宣布：“教育公平是全民教育的灵魂。没有教育机会的均等，就谈不上社会公平……从明年开始，中国将用两年时间在农村全面免除义务教育阶段的学杂费。”中国免费义务教育的序幕由此拉开。

2006 年 6 月 29 日，全国人大常委会通过了新修订的《中华人民共和国义务教育法》。该法规定：“实施义务教育，不收学费、杂费。国家建立义务教育经费保障机制，保证义务教育制度实施。”它标志着实施免费义务教育已经上升为国家意志，该法被海内外誉为“中国教育发展史上的重要里程碑”。这也标志着中国义务教育实现了由“人民教育人民办”到“义务教育政府办”的重大历史性转变。

2007 年，中国的农村免费义务教育全面推进、高水平实现。回顾中国义务教育的发展历程以及政策调整的思想脉络和发展走向，可以看出，不同时代的教育政策都是适应当时实际情况的产物。义务教育是政府的责任，但在 20 世纪 80 年代中国“穷国办大教育”的国情下，人民群众积极投入教育，进行了“人民教育人民办”的基层实践，这并非是政府责任的缺失，而是历史的必然，是中国特色教育发展之路为世界提供的经验。同时，在实践探索的过程中也推动了“依靠人民办教育”“办好教育为人民”理念的提升，为中国教育的健康发展铺建了明确的道路。这都是改革和创新的实践留给我们的宝贵启示。

2012 年，教育部部长袁贵仁指出，近年来我国教育管理体制进一步完善，各级政府对各级各类教育管理的职责与权限更加明确。政府与学校的关系逐步理顺，学校面向社会依法自主办学，权力运行制约和监督体系初步建立。鼓励教育投入体制改革继续深化，公共教育财政制度不断健全，形成了义务教育由政府负全责，非义务教育以政府投入为主、多渠道筹措教育经费的体制机制①。

随着中国综合国力的提升，政府公共财政能力不断增强，逐步实现了“义务教育政府办”的重大转变，这是与时俱进、顺理成章的，充分体现了人民的意愿、政府的责任和义务教育未来发展的趋势。当然，即使在现在政府办教育的情况下，也仍需要注意调动人民群众办教育和社会参与办教育的积极性，在义务教育均衡发展的进一步改革实践中，仍需要政府和

① 袁贵仁. 推动教育事业科学发展 努力办好人民满意的教育. 光明日报，2012－09－21(5).

人民同心协力地奋斗和探索。

（2）高等教育的体制改革：进一步落实自主办学权。

高等教育管理体制改革是中国高等教育改革的重点，也是难点。时任国务院副总理、直接主管教育工作的李岚清对此给予了高度重视并大力推动。1994年、1995年和1996年，国务院办公厅分别召开了三次高教管理体制改革座谈会，在改革实践的基础上认真总结了以往的经验，明确了改革思路。1998年，高教管理体制改革经验交流会召开，提出了“共建、调整、合作、合并”的“八字方针”。之后，在中央政府的领导下，以1998年国务院机构调整为契机，教育部、财政部、国家计委等有关部委在各地的配合下，对国务院部门（单位）所属院校集中进行了三次大的调整，这在一定程度上解决了部门办学的体制问题。

发端于20世纪90年代的中国高校管理体制改革，主要是为解决三个问题：第一是条块关系问题，第二是中央与地方关系问题，第三是政府与学校关系问题。

高等教育管理体制条块关系改革的提速和全面推进是在党的十五大之后，全国有31个省、自治区、直辖市和50个中央部委所属高校参与了多种方式的改革。一是抓住1998年政府机构改革之机，国务院做出《关于调整撤并部门所属学校管理体制的决定》，首先对被撤销的国务院9个部委所属的93所普通高校、72所成人高校以及许多中专和技校的管理体制进行了调整，其中81所普通高校实行中央与地方共建，以地方管理为主。二是在1999年年初，又对5个军工总公司所属的25所普通高校、34所成人高校以及几百所中专和技校的管理体制进行了调整和改革。三是随后在总结经验的基础上，国务院又做出《关于进一步调整国务院部门（单位）所属学校管理体制和布局结构的决定》，对国务院机构改革后的50个部委和单位所属高校的管理体制及布局结构进行了调整和改革。此外，在教育部受国务院委托管理的72所高校中，也已经有34所与地方实行了共建。

高校管理体制改革要解决的第二个问题是中央与地方的关系。在这方面，中国于2000年迈出了决定性的一步，实行了两个重要的新政策：一是把高职学校的审批权下放给省级政府。以前所有高校都要由教育部审批。

尽管此前曾有将研究生以下的学历教育下放给省级地方的动议，但很快就被否定了。二是把相应专科层次的招生计划权下放到省，中央只管本科。教育部与国家发改委反复磋商，最后取得一致意见。这是从实际出发和思想解放的结果，也是中国高校管理体制改革的重大突破。这两个权力的下放，扩大了省级政府的统筹决策权。与此同时，不少原中央业务部门所属的高校也逐渐划转或经共建划转给地方，使地方在统筹管理高等教育的资源上权力继续扩大，中央和地方两级政府管理教育的格局由此基本形成。

经过十多年的努力，在教育、计划、财政等中央有关部门以及地方各级党政领导的共同努力下，中国高等教育管理体制改革的主要成果体现为：一个适应社会主义市场经济的高等教育宏观结构和新型高等教育管理体制的框架已初步建立。高等教育从“两级办学、中央为主”发展到“三级办学，两级管理，以省为主”，不仅打破了条块分割、重复办学的局面，实现了优势互补，使有限的教育资源得到合理重组、配置和充分利用，而且调动了中央、地方及社会各方面参与办学的积极性，使教育质量和办学效益都有了明显的提高与改善。同时，高等学校进一步增强为地方服务的意识和能力，促进了区域经济和社会的发展，充分显示出改革之后的高等教育创新和发展的活力。改革取得的直接效果，使我国高等教育管理体制和布局结构发生了深刻的变化。随着时间的推移，改革的深远意义和影响将会在今后日益显现出来。

2010 年颁布的《国家中长期教育改革和发展规划纲要（2010—2020年）》，对落实和扩大高校办学自主权做了进一步明确。高校在选拔录取、本科专业设置、自行审核一级学科博士点、设置研究生院、招聘人才、校长公开选拔、资产管理等方面获得了更多的自主权，促进了高等教育的健康发展。党的十八届三中全会通过的《关于全面深化改革若干重大问题的决定》提出，要扩大学校办学自主权，完善学校内部治理结构。

2014 年 7 月，国家教育体制改革领导小组办公室印发了《关于进一步落实和扩大高校办学自主权 完善高校内部治理结构的意见》，对扩大高校办学自主权做出全面部署。随后的几年中，各地各校认真贯彻落实该意见，政府管理高等教育的职责权限和高校办学的权利义务进一步明确，现代大学制度不断完善，高校的办学主体地位得到有效提升。主要体现在以下两方面：

一方面，简政放权、简除烦苛，进一步拓展高校办学自主空间。教育部加快简政放权和转变职能的速度，深入推进行政审批改革，共取消下放了15项教育行政审批事项，全部完成非行政许可审批清理。取消了2项中央设定地方实施的教育行政审批，取消了1项教育行政审批中介。通过规范并减少对学校的行政审批事项，高校在学科专业设置、经费使用、选人用人等方面享有了更多的办学自主权。目前高校可自主设置本科专业目录内除国控专业之外的所有专业。取消学位授予单位自主设置和撤销二级学科备案，取消重点学科评审、全国优秀博士学位论文评选、博士研究生学术新人奖评选、全国研究生学术交流平台、举办研究生课程进修班登记备案等项目。取消统一印制学位证书，学士、硕士和博士学位证书，由学位授予单位自主设计、印制，国家制定规范性要求，不再统一规定格式。2015年在全国范围内建立了学位授权动态调整机制。2015年，教育部会同财政部启动实施了中央高校预算拨款制度改革，印发了《关于改革完善中央高校预算拨款制度的通知》，进一步落实高校在经费使用方面的自主权。2016年，教育部与中央组织部、中央外办、外交部、科技部、财政部等六部门共同制定了《关于加强和改进教学科研人员因公临时出国管理工作的指导意见》，并由中央办公厅、国务院办公厅转发。该意见重点解决了高校教学科研人员出访批次数和天数受限的问题，对教学科研人员学术性出国实施区别管理。

另一方面，健全制度、规范管理，进一步完善高校内部治理结构。通过建立健全以章程为统领规范行使办学自主权的高校内部治理制度体系，明确高校和政府的权力边界，健全、规范内部治理结构和权力运行规则，着力推进中国特色现代大学制度建设，不断推进高校治理体系和治理能力现代化。目前，全国普通本科高校章程制定核准工作全部完成。部分省市还完成了所有专科高校章程的制定与核准工作。积极引导高校坚持和完善党委领导下的校长负责制，建立健全党委统一领导、党政分工合作、协调运行的工作机制。健全以学术委员会为核心的学术管理体系和组织架构，加强教职工代表大会、理事会等建设，完善民主管理和监督机制，形成高效、有序的治理结构。坚持放权监管同步，在加大放权力度的同时，进一步改进和加强宏观管理，认真负责地管好该管的事，真正做到不越位、不缺位，确保下放的权力高校接得住、用得好。

（3）职业教育的体制改革：适应经济社会发展。

改革开放以来，随着中国经济社会的发展，职业教育越来越受到国家的高度重视和社会的广泛关注。正如习近平所说："职业教育是国民教育体系和人力资源开发的重要组成部分，是广大青年打开通往成功成才大门的重要途径，肩负着培养多样化人才、传承技术技能、促进就业创业的重要职责，必须高度重视、加快发展。"[①] 这深刻地揭示了当前社会主义市场经济条件下职业教育的重要性。职业教育的根本任务是：培养技能型人才，参与生产服务和推进技术应用。"职业学校的基础，是完全筑于社会的需要上；职业教育须适应社会需要"[②]，这成为其内在的发展规律。在教育体系中，职业教育是与经济社会发展联系最为密切的教育类型，是典型的需求推动型的教育，必须主动适应经济社会发展需要进行办学。

2005 年的《国务院关于大力发展职业教育的决定》提出，"坚持'以服务为宗旨、以就业为导向'"，"积极推动职业教育从计划培养向市场驱动转变，从政府直接管理向宏观引导转变，从传统的升学导向向就业导向转变"。这"三个转变"，本质上是职业教育体制改革的战略转换，是对职业教育发展内在规律的遵从。它既是对今后一个时期职业教育发展的基本要求，也是对过去 30 年中国职业教育发展走过的道路和成功经验的高度概括。改革开放以来，中国职业教育体制创新的过程，就是在总体办学方向、公共管理模式和教育评价标准等三个发展目标上不断适应经济社会发展需要办学的过程。

首先，从计划培养向市场驱动转变：推动职业院校面向社会、面向市场办学。改革开放 40 年来，由计划经济向市场经济的经济体制改革转轨，

① 习近平. 更好支持和帮助职业教育发展 为实现"两个一百年"奋斗目标提供人才保障. 人民日报，2014-06-24（1）.

② 成思危. 黄炎培职业教育思想文萃. 北京：红旗出版社，2006：4.

在中国最具有创新性和决定性意义。由“计划”到“市场”的基础性资源配置机制的重大转换，引发了经济、社会、行业、产业和经济主体基本属性的深层变革。职业教育要适应经济社会需求，就必须适应经济转轨这一重大制度变迁，必须实现从计划培养向市场驱动的转变。

在市场经济条件下，市场取代计划、行政命令和国家控制，成为资源配置的基础性机制。随着市场经济体制的逐步建立和完善，教育特别是职业教育领域的资源配置开始受到市场的影响，传统的政府计划招生、包揽分配、包办学校的做法已经不能适应人才市场的需要和市场机制的运行规律。职业教育在专业设置、招生录取、课程安排、教学内容、实习实训、毕业分配等诸多方面存在“计划”与“需求”的差距，计划赶不上变化和不适应变化的计划失调成为普遍的现象，职业教育整体上面临全方位的转型。职业教育关门办学的弊病受到各用人单位的质疑，其培养目标需要按照市场、社会和企业的用人标准进行调整，生源、就业、教学设备、培养目标和教学过程等都必须适应市场和社会需求。因此，职业院校要坚持面向市场和社会办学，根据经济社会发展需要，确定培养目标，做到培养目标面向市场、办学形式适应市场、专业设置瞄准市场、毕业生就业服务市场，积极为社会培养急需适用的人才。为适应不同时期经济社会发展需求，我国职业教育逐步确立了面向社会、面向市场的办学方向。

改革开放 40 年来，中国职业教育主动适应经济社会发展需求，并努力将其作为基本办学方向，这一愿景和努力体现在不同时期的中央决策决议中，体现在教育法、劳动法和其他法律法规中，并贯穿于生动的职业教育发展和学校办学的实践中。经过 40 年的不断探索，中国职业教育逐步适应经济社会发展需要，特别是适应了由计划经济向市场经济转轨的时代需求，确立了面向社会、面向市场办学的基本方向，明确了“以服务为宗旨、以就业为导向”的职业教育办学方针。这是职业教育体制改革进程中具有方向性和里程碑意义的重大进展。

其次，从政府直接管理向宏观引导转变：调动多方面力量发展职业教育。

1985 年，《中共中央关于教育体制改革的决定》提出要鼓励集体、个人和其他社会力量办学，提倡各单位和部门自办、联办或与教育部门合办各种职业技术学校。

1993年，《中国教育改革和发展纲要》要求各级政府充分调动各部门、企事业单位和社会各界的积极性，形成全社会兴办多形式、多层次职业技术教育的局面；改变政府包揽办学的格局，逐步建立以政府办学为主体、社会各界共同办学的体制；并明确提出：在现阶段，职业技术教育和成人教育主要依靠行业、企业、事业单位办学和社会各方面联合办学。

1996年，《中华人民共和国职业教育法》第二十一条规定："国家鼓励事业组织、社会团体、其他社会组织及公民个人按照国家有关规定举办职业学校、职业培训机构。"

2002年，《国务院关于大力推进职业教育改革与发展的决定》提出，要"形成政府主导、依靠企业、充分发挥行业作用、社会力量积极参与的多元办学格局"。

近年来，各地普遍把民办职业教育纳入职业教育发展的总体规划，落实支持民办教育发展的政策，鼓励和引导社会资金投资兴办职业教育。改革开放40年来的实践表明，在政府主导下鼓励民办职业教育发展，不仅能够促进办学主体的多元化，有效扩大职业教育办学资源，还能够在整个职业教育事业中引进民办体制，让公办职业院校学习借鉴民办职业院校在体制、机制和模式上"贴近市场、机制灵活、运营高效"的优点，实现公办和民办职业教育的共同发展。

最后，从传统的升学导向向就业导向转变：提高学生就业能力、创业能力和综合职业素养。职业教育具有鲜明的职业性。职业教育是工业化的产物，是同经济社会改革和发展联系最密切的教育类型，它发端于经济，应当服务于经济社会发展，并以经济社会发展需求为动力。以就业为导向，总体上说就是职业教育培养的人才数量、结构和素质要服务于经济社会发展，适应企业、行业和产业发展的需要，适应学生就业、创业、职业生涯可持续发展的需要。对职业教育最大的认可是实践认可和社会认可，最终是用人单位的认可。因此，我们加快推进职业教育办学理念、模式和机制改革，促使职业教育从传统的升学导向向就业导向转变。坚持以就业为导向，就是要以企业对毕业生喜欢不喜欢、社会对毕业生满意不满意作为衡量学校教育质量的客观依据，将毕业生就业率作为评估学校、政府和教育部门职业教育改革是否成功和工作业绩好坏的标准。

第一，在办学方向上以就业为导向。坚持面向社会、面向市场、面向企业、面向农村，把加快职业教育发展与繁荣经济、促进就业、消除贫困、维护稳定和建设先进文化紧密结合起来，促进职业教育与生产实践、技术推广、社会服务的紧密结合，努力使学生具有良好的职业道德、必要的文化素养和熟练的职业技能，成为中国特色社会主义的建设者和接班人。

第二，在培养模式上以就业为导向。坚持与生产劳动相结合，着力培养学生的就业、创业能力，大力推行工学结合、校企合作和半工半读的人才培养模式，积极推广“订单式”培养；把德育放在首位，突出以诚信、敬业为重点的职业道德教育，引导学生树立正确的人生观、成才观和择业观；突出职业教育的特点，重点加强对学生新知识、新工艺、新技术的培训，建立健全顶岗实习制度，提高学生的综合职业素质；积极推行和不断完善学分制，加快建立弹性学习制度，使学生可以分阶段、分地区完成学业，努力适应人民群众对多样化职业教育的需求。

第三，在办学机制上以就业为导向。坚持实行政府主导、面向市场、多元办学的机制，不断深化体制改革和创新机制，充分发挥企业行业的作用，大力推动职业院校与企业密切合作、共同发展；积极推进东西部之间、城乡之间的职业院校联合招生与合作培养，充分发挥城市和东部地区拥有优质职业教育资源和就业市场的优势；进一步加强统筹规划、综合协调和重点建设，在每个地市重点建设一所高等职业院校，每个县重点办好一所起骨干示范作用的职教中心或中等职业学校，同时积极引导和推动民办职业教育的发展。

总之，上述这“三个转变”，是一个渐进的、曲折的过程，甚至是一个职业教育起落反复和兴衰更替的过程。在这一过程中，中国职业教育从自身的基本属性出发，遵循内在发展规律，围绕不同时期经济社会发展的需求，不断主动进行自我调适，努力适应经济转轨、社会转型、技术进步、产业调整、市场变化、企业发展、消除贫困、社会就业等各种具体的客观需求。

2014年《国务院关于加快发展现代职业教育的决定》指出，近年来，我国职业教育事业快速发展，体系建设稳步推进，培养培训了大批中高级技能型人才，为提高劳动者素质、推动经济社会发展和促进就业做出了重要贡献。同时也要看到，当前职业教育还不能完全适应经济社会发展的需要，结构不尽合理，质量有待提高，办学条件薄弱，体制机制不畅。加快发展现代职业教育是党中央、国务院做出的重大战略部署，对于深入实施创新驱动发展战略，创造更大人才红利，加快转方式、调结构、促升级具有十分重要的意义。

2018年，全国职业教育与继续教育工作会议指出今后的工作重点：抓体系，高职瞄准高质量、中职守牢职普比、培训注重补短板；抓质量，聚焦提高学生职业素养，深化产教融合、校企合作，建好“双师型”教师队伍；抓继教，注重职业教育与继续教育的融合发展；抓党建，加强基层党组织建设和作风建设。

(4) 民办教育异军突起：办学体制多样化。

随着计划经济体制向社会主义市场经济体制的转轨，中国的改革开放进入了新的历史阶段，中国政府确定了以公有制为主体、多种所有制经济共同发展的方向。要适应国家经济体制的这一重大变革，改革传统的教育办学体制势在必行。《中国教育改革和发展纲要》提出，改革政府包揽办学的格局，逐步建立以政府办学为主体、社会各界共同办学的体制。随着中国教育体制改革的不断深化，各地开展了对传统公办学校办学体制进行改革的大胆试验，使中国逐步突破政府包办的单一办学体制，学校在办学体制上呈现出日益多元化的趋势。

民办教育异军突起。改革开放以来，中国的民办教育从无到有，异军突起。1992年，四川省出现了改革开放以来第一所正规的民办学校，引起了全国教育界乃至全球范围内的巨大震动。当年，在世界范围内流传着这样一个趣谈，外国人到中国旅游要做三件事：看熊猫、爬长城和参观私立学校。中国的教育体系向社会力量开放标志着中国教育开始进入多元化的时代，而这个时代的开启也说明了中国的教育体制（包括办学体制、投入体制、管理体制等）将要发生巨大的变化。

自20世纪90年代以来，中国民办教育进入了一个加快发展的新时期。《中国教育改革和发展纲要》除了明确提出要“改变政府包揽办学的格局，逐步建立以政府办学为主体、社会各界共同办学的体制”外，还指出国家对社会力量办学采取“积极鼓励、大力支持、正确引导、加强管理”的方针。1997年，国务院颁布了《社会力量办学条例》，明确了“积极鼓励、大力支持、正确引导、加强管理”的基本方针。1999年年初，国务院批转了教育部《面向21世纪教育振兴行动计划》，提出“今后3～5年，基本形成以政府办学为主体、社会各界共同参与、公办学校和民办学校共同发展的办学体制”。1999年，中共召开改革开放以来第三次全国教育工作会议，会议出台的《中共中央国务院关于深化教育改革全面推进素质教育的决定》指出，要“进一步解放思想、转变观念，积极鼓励和支持社会力量以多种形式办学，满足人民群众日益增长的教育需求，形成以政府办学为主体、公办学校和民办学校共同发展的格局。凡符合国家有关法律法规的办学形式，均可大胆试验。在发展民办教育方面迈出更大的步伐”。从此，中国民办教育进入加速发展的时期，如今民办教育已成为中国教育体系中的重要组成部分。

进入21世纪，以《中华人民共和国民办教育促进法》的颁布为标志，中国发展民办教育和办学体制改革的有关政策进一步明确和法制化。2002年，第九届全国人大常委会第三十一次会议经过长期激烈的争论后正式通过了《中华人民共和国民办教育促进法》，2004年，国务院颁布了《〈中华人民共和国民办教育促进法〉实施条例》，标志着民办教育法律法规体系已经初步建立，民办教育的历史掀开了崭新的一页。

依据《中华人民共和国民办教育促进法》，国家将民办教育定位为“社会主义教育事业的组成部分”，规定“民办学校与公办学校具有同等的法律地位”，“国家保障民办学校举办者、校长、教职工和受教育者的合法权益”。《中华人民共和国民办教育促进法》还规定了民办教育的公益性事业属性与“合理回报”应该得到承认，为其社会地位的确立和可持续发展提供了法律依据。该法指出：“民办教育事业属于公益性事业，是社会主义教育事业的组成部分。”这一规定明确了民办学校不同于营利性企业，它不应以追求利润最大化为目标，而应把社会公共利益放在首位。确保公益性是促进民办教育健康发展和自律的基本前提，是政府鼓励、扶持、规范和监督民办教育的主要依据，也是民办教育立法的基石。在强调民办教育公益性的前提下，《中华人民共和国民办教育促进法》又规定，“民办学校在扣除办学成本、预留发展基金以及按照国家有关规定提取其他的必需的费用后，出资人可以从办学结余中取得合理回报”。允许民办学校出资人获得“合理回报”，这是与1997年的《社会力量办学条例》的最大不同，也是本次民办教育立法过程中最大的争议点之一。

《国家中长期教育改革和发展规划纲要（2010—2020年）》确立了民办教育分类管理的目标。2016年11月7日新民促法落地，2017年与新民促法配套的《民办学校分类登记实施细则》、《营利性民办学校监督管理实施细则》以及《关于营利性民办学校名称登记管理有关工作的通知》相继颁布，我国民办教育的法律体系日趋成熟和完备。2017年1月18日发布的《国务院关于鼓励社会力量兴办教育促进民办教育健康发展的若干意见》，对民办教育的改革发展做出了全面部署，确立了“育人为本、德育为先，分类管理、公益导向，优化环境、综合施策，依法管理、规范办学，鼓励改革、上下联动”的基本原则。

在法律和政策的指导下，中国的民办教育得到了持续发展。2016年全国教育事业发展统计公报显示，截止到2016年，全国共有各级各类民办学校17.10万所，各类教育在校生达4 825.47万人。其中：民办幼儿园15.42万所，在园儿童2 437.66万人；民办普通小学5 975所，在校生756.33万人；民办普通初中5 085所，在校生532.82万人；民办普通高中2 787所，在校生279.08万人，比上年增加22.12万人。民办中等职业学校2 115所，在校生184.14万人。另有非学历教育学生22.06万人。民办高校742所（含独立学院266所），在校生634.06万人，其中，硕士研究生在校生715人，本科在校生391.52万人，高职（专科）在校生242.46万人；另有自考助学班学生、预科生、进修及培训学生35.45万人。民办的其他高等教育机构813所，各类注册学生75.56万人。民办教育从无到有、从弱变强，已成为中国教育体系中的重要力量。

## 四、教育公平取得新成就

改革开放以来，党和国家对农村地区和西部地区义务教育给予了高度的重视，采取了一系列有效措施，促进了农村和西部地区教育的发展。与此同时，国家不断完善国家助学金贷款政策，建立资助家庭经济困难学生政策体系，切实解决农民工子女和留守儿童以及老少边穷地区儿童、残疾儿童的就学问题。

### 1. 促进义务教育公平的重大举措

对农村义务教育阶段家庭贫困学生实行“两免一补”。从2001年开始，教育部和财政部对部分农村地区义务教育阶段经济困难学生试行免费提供教科书制度。中央财政安排资金1亿元，用于向未普及九年制义务教育的国家扶贫开发工作重点县的农村贫困中小学生免费提供教科书。该专项资金2002年增加到2亿元，2003年增加到4亿元，2004年达到11.7亿元。2005年3月，温家宝在政府工作报告中提出，将在全国592个贫困县实行义务教育免费制度，从当年起，免除国家扶贫开发工作重点县农村义务教育阶段贫困家庭学生的书本费、杂费，并补助寄宿学生生活费。2005年，中央和地方加大了“两免一补”的工作力度，为中西部地区安排“两免一补”资金72亿元，包括免费教科书资金30.4亿元、免杂费资金30.6亿元、寄宿生生活费补助资金近11亿元。

2008年3月，温家宝在第十一届全国人民代表大会第一次会议上所做的政府工作报告中承诺，“在全国城乡普遍实行免费义务教育。继续增加农村义务教育公用经费，提高保障水平。适当提高农村家庭经济困难寄宿生生活费补助标准。认真落实保障经济困难家庭、进城务工人员子女平等接受义务教育的措施。在试点基础上，从今年秋季起全面免除城市义务教育学杂费”。

从确立农村教育重中之重的战略地位，到实行农村义务教育经费保障机制改革，再到新修订的《中华人民共和国义务教育法》颁布实施，政府不断明确提供公共教育服务的职责，并从制度和法律上保障农村孩子享有接受义务教育的权利，使义务教育真正成为面向人人、面向大众的全民教育。这在最大程度上和最大范围内促进了教育的公平，体现了社会主义教育的本质要求。

如今，我国社会发展步入新时期，义务教育基本普及，人民群众“上起学”的问题转变成了“上好学”的问题。习近平总书记始终牵挂着每一个孩子的发展。2013 年，他在给联合国的视频贺词中说，要努力让每个孩子享有受教育的机会，努力让 13 亿人民享有更好更公平的教育，获得发展自身、奉献社会、造福人民的能力。2014 年，他就加快职业教育发展做出重要指示，要“努力让每个人都有人生出彩的机会”。2015 年，他在减贫与发展高层论坛的主旨演讲中提出，让贫困地区每一个孩子都能接受良好的教育，让他们同其他孩子站在同一条起跑线上，向着美好生活奋力奔跑。2016 年教师节，他在考察北京市八一学校时又指出，要“让每一个孩子都对自己有信心、对未来有希望”。

党的十八大以来，党中央、国务院采取的一系列强劲有力的举措，把中国县域内义务教育均衡推向一个新的历史高度——从基本均衡走向优质均衡。截至 2016 年年底，全国已有 1 824 个县（市、区）通过了义务教育基本均衡发展督导评估国家认定，占全国县（市、区）总数的 62.4%。据不完全统计，自 2013 年启动督导评估认定以来，各地累计投入 2.73 万亿元用于推进义务教育均衡发展，新建、改扩建学校约 20 万所，增加学位 2 000 万个，补充教师 130 万人，参与交流的校长和教师达 185 万人次。2017 年 4 月，《县域义务教育优质均衡发展督导评估办法》出台，这标志着义务教育均衡进入“优质”发展阶段。

为贯彻落实党中央、国务院的部署，近年来，教育部会同有关部门，着力从以下几个方面加快推进城乡义务教育一体化发展①：

① 焦以璇. 推动城乡义务教育一体化发展迈上新台阶. 中国教育报，2018-03-16 (1).

一是全面改造贫困地区义务教育阶段薄弱学校。自2013年以来，中央财政累计投入1 620亿元，带动地方投入3 000多亿元，共新建、改扩建校舍1.86亿平方米，采购课桌凳2 561万套、图书6.1亿册，农村义务教育学校办学条件明显改善，学生自带课桌椅、睡“大通铺”、在D级危房上课现象在绝大部分农村地区已消除。

二是统筹城乡义务教育教师资源配置。教育部会同财政部、人力资源和社会保障部印发《关于推进县（区）域内义务教育学校校长教师交流轮岗的意见》，推动城镇义务教育学校教师到农村任教。统一城乡义务教育学校教师编制标准，深入实施农村义务教育教师“特岗计划”，加大农村义务教育教师培养培训力度，着力解决农村教师“下不去、留不住、教不好”的难题。

三是大力推进县域义务教育均衡发展。教育部专门出台《县域义务教育均衡发展督导评估暂行办法》，建立了义务教育均衡发展督导评估制度。截至2017年年底，全国已有2 379个县通过国家县域义务教育基本均衡评估认定，占县级行政单位总数的比例已接近82%，县域内城乡义务教育学校差距切实缩小。

四是着力化解义务教育学校“大班额”。专门出台《关于做好消除大班额专项规划有关工作的通知》，启动实施消除“大班额”计划，指导各地以县为单位制定了消除“大班额”专项规划。2017年，全国义务教育“大班额”“超大班额”比例比上一年度分别下降了18.3%、39.6%，下降幅度为近10年来最大。

五是坚持不懈抓好控辍保学工作。以国务院办公厅名义出台《关于进一步加强控辍保学提高义务教育巩固水平的通知》，有针对性地提出控辍保学的政策措施。2017年，全国九年义务教育巩固率提升到93.8%，比2016年提高0.4个百分点。2017年小学学龄儿童净入学率达99.92%，初中阶段毛入学率达104%。

六是大力改善农村义务教育学生营养状况。针对贫困地区农村学生营养不良、发育迟缓的问题，实施农村义务教育学生营养改善计划。截至2017年，已覆盖学校约14万所，惠及3 600多万名学生。中国疾病预防控制中心跟踪监测显示，实施营养改善计划地区学生的营养健康状况逐步改善，身体素质明显提高。

七是重视解决进城农民工随迁子女和农村留守儿童教育难题。指导督促各地按照“两为主”（以流入地为主和以公办学校为主）要求，妥善解决随迁子女入学问题。会同有关部门，建立健全农村留守儿童关爱服务体系。2017 年，全国 1 400 万名农民工随迁子女全部纳入“两免一补”政策补助范围，符合条件的随迁子女基本实现应入尽入，在公办学校就读比例达到 80%。2017 年排查出的 1.88 万名辍学农村留守儿童，基本都已复学。

八是着力提升农村义务教育学校科学化精细化管理水平。颁布实施《义务教育学校管理标准（试行）》，在试点的基础上全面推行。以标准化管理为抓手，推动农村义务教育学校不断提升教育教学质量，加快内涵发展。

从总体上看，经过不懈努力，城乡义务教育一体化发展的体制机制已初步形成，城乡教育二元结构的格局正在打破，乡村教师队伍建设全面加强，特殊群体教育和关爱体系不断健全，城乡教育差距扩大的势头得到遏制，城乡义务教育一体化发展迈出了坚实的步伐。

### 2. 不断完善的国家助学制度

1996 年，时任国务院副总理李岚清在赴英国访问期间，了解到英国开办教育保险的情况，回国后立即批示中国人民银行会同教育部、财政部组团赴英，专门考察利用金融手段支持教育发展的做法。国家助学贷款政策的重大决策和相关政策由此起步并不断走向完善。

在相关政策的实施过程中，教育部门积极协调有关部门进行了政策调整和完善，如协调银监会批准国家开发银行在全国范围内有条件地开展国家助学贷款业务等。2006 年 9 月，教育部与财政部联合发出《高等学校毕业生国家助学贷款代偿资助暂行办法》，初步启动国家助学贷款代偿机制，规定今后中央部属高校毕业生到西部地区和艰苦边远地区基层单位就业，服务期在 3 年以上的，中央财政代为偿还其国家助学贷款本金及利息。这些都为完善以国家助学贷款为主体的高校经济困难学生资助体系奠定了良好基础。越来越多的高校经济困难学生受惠于以国家助学贷款为主的资助体系。

2017 年 4 月，财政部、教育部、人民银行、银监会印发了《关于进一步落实高等教育学生资助政策的通知》（财科教〔2017〕21 号），进一步完善高等教育学生资助政策，实现政策间的无缝衔接。（1）确保研究生奖助政策不留死角。明确科研院所、党校、行政学院、会计学院等研究生培养单位要全面落实研究生奖助政策，确保符合条件的研究生都能享受到相应的资助。（2）将预科生纳入高等教育资助范围。明确预科生可按照规定享受相应教育阶段的国家助学金、国家助学贷款政策。（3）推动国家助学贷款全覆盖。进一步拓展国家助学贷款业务覆盖范围，实现高校、科研院所、党校、行政学院、会计学院等培养单位全覆盖，实现全日制普通本专科生、研究生、预科生全覆盖。（4）落实民办高校同等资助政策。明确民办高校学生与公办高校学生按照规定同等享受助学贷款、奖助学金等国家资助政策。

《2017 年中国学生资助发展报告》显示，我国建立起了以政府为主导、学校和社会积极参与的覆盖学前教育至研究生教育的学生资助政策体系，实现了“三个全覆盖”，即各个学段全覆盖、公办民办学校全覆盖、家庭经济困难学生全覆盖。特别是在高等教育阶段，实现了“三不愁”，即入学前不用愁、入学时不用愁、入学后不用愁。

在学前教育阶段，按照“地方先行、中央补助”的原则，地方政府对经县级以上教育行政部门审批设立的普惠性幼儿园在园家庭经济困难儿童、孤儿和残疾儿童予以资助。

在义务教育阶段，统一城乡“两免一补”政策，对城乡义务教育学生免除学杂费，免费提供教科书，对家庭经济困难寄宿生补助生活费。对集中连片特殊困难等地区农村义务教育阶段学生提供营养膳食补助。

在中等职业教育阶段，建立了以免学费、国家助学金为主，学校和社会资助及顶岗实习等为补充的资助体系。

在普通高中教育阶段，建立了以国家助学金、建档立卡等家庭经济困难学生免学杂费、地方政府资助项目为主，学校和社会资助相结合的资助体系。

在本专科教育阶段，建立了国家奖学金、国家励志奖学金、国家助学金、国家助学贷款、基层就业学费补偿贷款代偿、应征入伍国家资助、师范生免费教育、新生入学资助、退役士兵学费资助、勤工助学、校内奖助学金、困难补助、伙食补贴、学费减免及新生入学“绿色通道”等相结合的资助体系。

在研究生教育阶段，建立了研究生国家奖学金、国家助学金、学业奖学金、“三助”岗位津贴、国家助学贷款、基层就业学费补偿贷款代偿、应征入伍国家资助、校内奖助学金及新生入学“绿色通道”等相结合的资助体系。

### 3. 公共教育资源向薄弱地区和薄弱人群倾斜

2010 年，温家宝在全国教育工作会议上谈道：“要切实解决特殊群体孩子的上学问题。这是社会文明进步的重要体现。随着我国工业化、城市化加快推进，农民工子女和农村留守儿童上学问题日益突出，解决这些孩子上学问题的任务更加艰巨。要进一步完善农民工等流动就业人口子女上学的政策，保证他们能够在全日制公办学校免费接受义务教育。现有学校不足的，要做好规划，加大学校建设投入。要切实关心和解决农村留守儿童的上学问题，主要通过加强农村寄宿制学校建设和管理，让留守儿童有学上，在社会关爱中健康成长。保障残疾孩子平等接受教育，应该引起政府和全社会的高度重视。要加快特殊教育学校建设，同时创造条件让更多的残疾学生在普通学校上学。‘同在蓝天下，共同成长进步’。我们一定要实现这个美好愿望。”

2012 年，袁贵仁指出，“党的十六大以来的十年，是我国教育公平迈出重大步伐的十年。我国已经全面实现了全国范围内的九年免费义务教育，惠及 1.6 亿多适龄儿童少年。2 600 多万农村义务教育阶段学生受益的营养改善计划启动实施，农民工随迁子女在城市接受义务教育的问题初步解决。公共教育资源向农村地区、边远贫困地区和民族地区倾斜，西部和民族地区的主要教育发展指标与全国平均水平差距正在缩小。从学前教育到研究生阶段完整的家庭经济困难资助体系初步建立，每年资助近 1.8 亿名学生，保证了学生不因经济困难而失学”①。

2014年，国务院出台《国家贫困地区儿童发展规划（2014—2020年）》，全面编织了一张贫困地区儿童健康成长的安全网。2016年，国务院出台了《关于加快中西部教育发展的指导意见》，第一次全口径对中西部教育发展做出顶层设计，同年审议通过了《教育脱贫攻坚行动计划（2016—2020年）》，启动实施“职业教育东西协作行动计划”，东西部联动招生达30万人，更多贫困地区孩子享受到了优质职业教育。

老少边穷地区和特殊困难群体一直都是党和国家关注的重点。比如，2000年，国家组织实施了“东部地区对口支援西部贫困地区学校工程”和“大中城市对口支援本省（自治区、直辖市）贫困地区学校工程”。又如，2017年4月，教育部等七部门出台了《第二期特殊教育提升计划（2017—2020年）》并实施了特殊教育提升计划，组织编写特殊教育教材，为盲人考生专门研制高考试卷，使盲、聋、智障者三类残疾儿童教育入学率达90%以上，让残疾孩子同样拥有人生出彩的机会。

同时，2017年重点实施了中西部高等教育振兴计划，一批有特色、高水平中西部高校快速发展。首先，为了让更多寒门子弟可以上重点大学，国家实施了农村和贫困地区定向招生专项计划，累计招生37万人，仅2017年就招收了10万人，较2016年增长了9.3%。其次，国家支援中西部地区招生协作计划安排28.7万人，录取率最低省份与全国平均水平差距缩小了4个百分点。最后，为提升西藏、新疆地区的教育水平，2017年启动了援藏援疆万名教师支教计划，助推民族地区教育快速发展。此外，国家积极实施了“农民工学历与能力提升”计划，帮助农民工“求学圆梦”。

## 五、教育对推动经济社会发展做出贡献

教育是国家发展的基石，是一个民族最根本的事业。将教育摆在优先

---

① 袁贵仁. 推动教育事业科学发展 努力办好人民满意的教育. 光明日报，2012-09-21(5).

发展的战略地位，实施科教兴国、人才兴国战略，给中国的现代化建设带来了巨大的历史性回报。回眸改革开放 40 年来中国教育的改革和发展历程，无论是进行适应市场经济的教育体制改革，还是在实施“两基”攻坚计划、改革高等教育、提高创新能力、培养创新人才、推进教育公平、扩大教育国际交流等方面做出的一系列战略决策，都在之后的改革和发展中彰显出突出的效果，体现了教育独有的基础性、先导性、全局性的地位和作用。改革开放 40 年来，我国教育改革取得了重大突破，教育发展实现了历史性跨越，我国正从人口大国向人力资源强国迈进，教育对推动经济社会发展做出了巨大贡献。

众所周知，就业是民生之本，教育是就业之基，稳定的工作往往与幸福生活联系在一起。所以，任何国家往往都会将就业率视为衡量一个国家民生状况的重要参考指标，而教育与就业有着千丝万缕的联系。

教育对人们的劳动就业具有重要而积极的影响。从理论上说，教育对生产力发展有着重要的推动作用，而这种推动作用得以发挥的前提，就是教育能够生产劳动力，即教育可以改变劳动力的性质和形态，增强劳动者适应和改变社会的能力。

教育对就业的影响往往表现为在解决一般就业问题、结构性就业问题和个人职业选择性就业问题上具有积极作用。教育可以促进经济发展，增加就业机会；教育可以改善劳动力供给结构，优化劳动力资源配置；教育可以改变劳动观念，促进就业问题的解决。

有中国学者曾经运用西方教育经济学关于教育收益率的计算方法，对中国各级教育的收益状况进行了估计和解释，为教育对人们就业收入的贡献提供了实证依据。研究者们发现，中国教育收益率在 20 世纪 90 年代经历了显著增长的过程：根据抽样数据估算，1988 年、1995 年、2000 年中国城镇职工教育收益率分别为 38%、5.7%、8.53%，教育对就业收入的影响已经大大超过了工作年限对收入的影响①。

世界银行在 1995 年的《世界发展报告》中提到，东亚一些国家（包括

① 叶忠. 近二十年中国教育与就业关系研究述评. 河北师范大学学报，2005 (3).

中国）在过去十几年中经济增长速度及经济结构转变速度居全球之冠，其中一个原因就是所有这些东亚国家都进行了大量的物质资本与人力资本的投资，特别是在开发全体国民的人力资本上的投资①。

诺贝尔经济学奖得主詹姆斯·赫克曼也认为："研究表明，如果考虑对社会产出的贡献，而不仅仅是个人收入，中国人力资本投资回报率高达30%～40%，高于物质资本投资的回报（估计可以高出20%），也高于美国等发达国家的人力资本投资回报（15%～20%）。由于中国劳动力市场的独特结构，个人所得的回报远远低于其对社会产出的总贡献。"②

2011年，胡锦涛在清华大学建校100周年大会上发表了重要讲话，深刻阐明了教育事业特别是高等教育事业在国家发展中的重要地位和作用。教育是一个民族最根本的事业。推动经济社会又好又快发展，实现中华民族伟大复兴，科技是关键，人才是核心，教育是基础。以教育先行为经济社会可持续发展奠定基础，以教育创新带动和引领国家创新，以教育改革发展适应和促进经济社会改革发展，这是党和国家赋予教育的光荣使命。高等教育是我国教育体系中的重要组成部分，承担着培养高级专门人才、发展科学技术文化、促进社会主义现代化建设的重大任务。发展高等教育事业，要始终与国家和民族的命运紧密相连，始终服务于国家经济社会发展，始终以国家富强、民族振兴、人类进步为己任。胡锦涛的重要讲话，第一次提出了"高等教育作为科技第一生产力和人才第一资源的重要结合点，在国家发展中具有十分重要的地位和作用"的重要论断，进一步明确了高等教育在建设中国特色社会主义、实现中华民族伟大复兴进程中的功能定位和独特作用。

党的十八大以来，为进一步提升教育服务经济社会的发展能力，学校布局结构进一步优化，整体办学效益和服务水平显著提高。区域教育协同发展，东中西部教育差距进一步缩小。教育层次类型结构更加合理，人才培养体系日趋完备。培养造就了数以千万计应用型人才、技术技能人才和一大批拔尖创新人才。以供给侧结构性改革为主线，人才培养的层次、类

---

① 雷丽平，于钦凯．中国人力资源开发对区域经济发展的影响及对策研究．人口学刊，2004（4）．

② 赫克曼．人力资本投资与物质资本投资同样重要．商务周刊，2004（10）．

型、专业和区域布局结构不断优化。

2017年，习近平总书记站在人类社会发展的高度，在致清华大学苏世民学者项目启动仪式的贺信中提出“教育决定着人类的今天，也决定着人类的未来”的论断，深刻论述了教育对人类社会发展的重要性。在深刻分析了世界发展的形势后，习近平提出“人类命运共同体”的主张，论述了教育在为未来社会培养人才、促进人类和平与发展中的作用。教育的本质就是通过传授知识、提高品德、启迪智慧，培养促进社会发展的人才。教育是提高每个人的生命质量、提升生命价值的重要途径。在经济全球化背景下，无论是坚持和平，还是战胜贫困、改善环境，都要依靠教育来培养有远大志向、能为人类造福的人才。

党的十九大以来，党领导中国人民经历革命、建设、改革的艰辛探索，实现了从站起来、富起来到强起来的历史性转变，我们比以往任何时候更加接近民族复兴的伟大目标，同时也面临诸多新的挑战与考验。“建设教育强国是中华民族伟大复兴的基础工程，必须把教育事业放在优先位置”①，教育在全面建成小康社会、建设社会主义现代化强国中占有重要地位，首要原因在于教育的性质和内容受制于所处社会的经济社会发展水平，同时教育又是推进经济社会发展强大的精神力量。在当代中国，青少年是建设和实现社会主义现代化强国的中坚力量，通过发挥教育的知识传授、规范教化和行为引导作用，培养一代又一代有知识、有品德、有作为的时代新人，促使他们为经济社会发展贡献精神动力，以实际行动推动经济社会健康发展。

改革开放以来，我国一直坚持优先发展教育、科教兴国和人才强国战略，将教育作为确保国民经济和社会可持续发展的基础，使教育成为推动国民经济和社会发展的重要动力。如今，教育（尤其是高等教育）已经成为中国高层次人才、科技创新资源、科技发明成功的重要源头，成为基础研究和技术创新的重要生力军，为国家培养输送了大批高素质合格人才，为我国经济发展方式转变与和谐社会建设做出了重要贡献，为现代化建设提供了人才保障和科技支撑。

---

①　习近平. 决胜全面建成小康社会　夺取新时代中国特色社会主义伟大胜利：在中国共产党第十九次全国代表大会上的报告. 北京：人民出版社，2017：45.

# 第三章　中国教育发展的基本经验

## 一、始终把教育摆在优先发展的战略地位

百年大计，教育为本。教育是人类传承文明和知识、培养年轻一代、创造美好生活的根本途径①。教育优先发展是改革开放以来我国教育发展的重大战略举措，也是社会主义教育现代化建设的一条重要经验，对于发展中国特色社会主义的教育事业具有重要意义。

### 1. 教育具有基础性、先导性、全局性作用

“当今世界的综合国力竞争，说到底是人才竞争，人才越来越成为推动经济社会发展的战略性资源，教育的基础性、先导性、全局性地位和作用更加突显。”② 这是习近平总书记对教育高屋建瓴的定位，也是历代领导

---

① 习近平主席在联合国“教育第一”全球倡议行动一周年纪念活动上发表视频贺词. 人民日报，2013-09-27（3).

② 习近平. 做党和人民满意的好老师：同北京师范大学师生代表座谈时的讲话. 人民日报，2014-09-10（2).

人的共识。《国家教育事业发展“十三五”规划》指出，优先发展教育，构建现代教育体系，建设学习型社会，培养大批创新人才，已成为人类共同面临的重大课题和应对诸多复杂挑战、实现可持续发展的关键。

拿破仑曾经说过，世上有两种力量：利剑和思想；从长而论，利剑总是败在思想手下。我们要积极发展教育事业，通过普及教育，启迪心智，传承知识，陶冶情操，使人们在持续的格物致知中更好认识各种文明的价值，让教育为文明传承和创造服务①。

实践表明，教育强国不是梦，而是被历史证明了的有效途径。

（1）教育是提高人民综合素质、促进人的全面发展的重要途径。

教育是什么？教育是培养人的一种社会实践活动，教育的任务是传承文化、创造知识、培养人才。联合国教科文组织发布的《反思教育：向“全球共同利益”的理念转变?》报告认为，教育应该以人文主义为基础，尊重生命和人类尊严、权利平等、社会正义、文化多样性、国际团结，为可持续的未来承担共同责任。本着“教育是一种崇高的社会公益事业”的认识，党的十八大提出了“立德树人”的目标，这正体现了教育培养人的这一本质。每一个“人才”首要的前提都是“人”，要把人培养成有理想信念、有高尚道德情操、有扎实知识的全面发展的人。“正确引导和帮助青少年学生健康成长，使他们能够德、智、体、美全面发展，是一个关系我国教育发展方向的重大问题。”②

习近平指出：“教育决定着人类的今天，也决定着人类的未来。人类社会需要通过教育不断培养社会需要的人才，需要通过教育来传授已知、更新旧知、开掘新知、探索未知，从而使人们能够更好认识世界和改造世界、更好创造人类的美好未来。”③

（2）教育是民族振兴、社会进步的重要基石。

国运兴衰，系于教育。教育是社会主义物质文明、政治文明和精神文

① 习近平在联合国教科文组织总部的演讲. 人民日报，2014-03-28（1）.

② 江泽民. 关于教育问题的谈话.（2000-02-01）. http://www.moe.edu.cn/jyb_sjzl/moe_177/tnull_2476.html.

③ 习近平. 致清华大学苏世民学者项目启动仪式的贺信. 人民日报，2013-04-22（1）.

明建设的基础工程。当今世界，教育同经济、科技、社会实践的结合越来越紧密，正在成为推动科技进步和经济、社会发展的重要力量。离开教育和科技的发展，就不能把我国的经济搞上去。同样，政治文明建设范围非常广泛，要想推进社会主义民主和法制建设，必须从教育入手，加强法制研究，加强民主和法制教育，宣传、普及民主和法制的知识，提高全民族素养和法制观念。建设社会主义精神文明是建设中国特色社会主义事业的重要目标和基本保证。因此，大力发展社会主义的教育、科学、文化事业，是建设社会主义精神文明的迫切要求，也是保证中华民族振兴和发展、保证整个社会主义现代化事业取得成功的根本大计。教育对提高全体人民的思想道德和科学文化素质，具有重要的战略意义。

改革开放以来，我国经济建设和科学技术取得了巨大成就。面对这些成就，党和国家领导人敏锐地发现，中国的劳动力素质不够高、科技创新能力不够强，而且这已经成为制约我国经济发展和国际竞争力提高的一个主要因素。

（3）教育是对中华民族伟大复兴具有决定性意义的事业。

改革开放以来，在中国领导人的心中，教育一直被放在优先发展的战略位置。

在党的十九大报告中，习近平同志对“优先发展教育事业”做出了新的全面部署，明确提出：“建设教育强国是中华民族伟大复兴的基础工程，必须把教育事业放在优先位置，深化教育改革，加快教育现代化，办好人民满意的教育。”铿锵有力的声音为中国在新时代不断推进教育改革发展、大力提高国民素质指明了方向。

强国必先强教。教育兴则国家兴，教育强则国家强。高等教育发展水平是一个国家发展水平和发展潜力的重要标志。世界各国都把办好大学、培养人才作为实现国家发展、增强综合国力的战略举措。我国是人口大国，要从人口大国迈向人才强国，实现中华民族伟大复兴，教育的地位和作用不可忽视。

当前，我们正处在全面建成小康社会的决胜阶段，中国比历史上任何时期都更加接近中华民族伟大复兴的目标。中华民族和中国人民千年求索、百年奋斗的目标，将在不远的将来变为现实。中国对高等教育的需要比以往任何时候都更加迫切，对科学知识和卓越人才的渴求比以往任何时候都更加强烈。因为，重视教育就是重视未来，重视教育才能赢得未来。为此，党中央做出了加快建设世界一流大学和一流学科的战略决策，以提高我国高等教育发展水平，增强国家核心竞争力。

"'两个一百年'奋斗目标的实现、中华民族伟大复兴中国梦的实现，归根到底靠人才、靠教育。源源不断的人才资源是我国在激烈的国际竞争中的重要潜在力量和后发优势。"①

### 2. 教育优先发展是实现中国现代化的战略选择

20世纪80年代初，教育界针对教育的社会功能，展开了教育本质问题的大讨论，见仁见智的背后仍然形成了一种共识，即教育是一种特殊的社会实践，具有解放和发展生产力的作用。讨论的最大成果在于形成了三个观点：（1）"教育是生产力"；（2）"教育要为社会生产服务"；（3）"教育具有长期性"。这三个观点为重新确立教育在现代化建设中的地位和作用奠定了理论基础。

党的十四大报告提出，必须把教育摆在优先发展的战略地位，努力提高全民族的思想道德和科学文化水平，这是实现我国现代化的根本大计。在全国第三次教育工作会议上，江泽民首次强调"把教育作为先导性、全局性、基础性的工作，摆到优先发展的战略重点位置"，充分肯定了教育在现代化建设中的地位和作用。党的十六大报告则进一步提出："教育是发展科学技术和培养人才的基础，在现代化建设中具有先导性全局性作用，必须摆在优先发展的战略地位。"2004年9月，党的十六届四中全会通过的《中共中央关于加强党的执政能力建设的决定》更加明确地指出要"深化教育和科技体制改革，充分发挥教育和科技在现代化建设中的基础性、先导性、全局性作用"。

党的十六大以后，在深入实施科教兴国和人才强国战略的过程中，特

① 习近平．做党和人民满意的好老师：同北京师范大学师生代表座谈时的讲话．人民日报，2014-09-10（2）．

别强调教育的基础性、先导性和全局性的地位和作用，并把建设人才资源强国作为目标。2006 年 8 月 29 日，中央政治局在进行第三十四次集体学习时胡锦涛深刻指出，“当今世界，知识越来越成为提高综合国力和国际竞争力的决定性因素，人力资源越来越成为推动经济社会发展的战略性资源”，教育的基础性、先导性、全局性地位和作用更加突出。中国的未来发展，中华民族的伟大复兴，归根结底靠人才，人才培养的基础在教育。

《国家教育事业发展“十三五”规划》中提出继续坚持“优先发展”的战略。人是国家发展的核心要素，要坚持把教育摆在优先发展的战略地位，充分发挥教育的基础性、先导性、全局性作用，更加注重教育和人力资源开发，加大投资于人的力度，面向现代化、面向世界、面向未来，超前规划，优先发展，加速人力资本积累，为国家和民族的未来奠基。

(1) 科学技术是第一生产力。

摆脱了“两个凡是”“两个估计”的束缚后，中国从上到下各领域的思想都得到了解放。党的十一届三中全会重新确立了马克思主义实事求是的思想路线，抛弃了“以阶级斗争为纲”的口号，决定把全党工作的重点转移到社会主义现代化建设上来，明确指出党在新时期的历史任务是把我国建设成为社会主义现代化强国，揭开了社会主义改革开放的序幕。

面对中国落后于世界发达国家、迫切需要发展生产力的事实，1988 年 9 月，邓小平提出“科学技术是第一生产力”。这正是智慧的中国领导人对马克思主义基本原理的科学运用。马克思曾指出“生产力中也包括科学”，并提出，“固定资本的发展表明，一般社会知识，已经在多么大的程度上变成了**直接的生产力**”，社会劳动生产力，首先是科学的力量，“大工业把巨大的自然力和自然科学并入生产过程，必然大大提高劳动生产率”。“科学技术是第一生产力”，既是现代科学技术发展的重要特点，也是科学技术发展的必然结果。社会生产力是人们改造自然的能力。作为人类认识自然、改造自然能力的自然科学，必然包括在社会生产力之中。

江泽民也曾在“七一”重要讲话中指出：“科学技术是第一生产力，而且是先进生产力的集中体现和主要标志。”这个论断，进一步科学地揭示了新技术革命条件下科学技术在生产力形成和发展过程中的重要地位与作用，是对马克思主义生产力理论的丰富和发展。

2014 年 6 月 9 日，习近平在中国科学院第十七次院士大会、中国工程院第十二次院士大会上的讲话中指出："科技是国家强盛之基，创新是民族进步之魂。自古以来，科学技术就以一种不可逆转、不可抗拒的力量推动着人类社会向前发展……从某种意义上说，科技实力决定着世界政治经济力量对比的变化，也决定着各国各民族的前途命运。"

（2）人才的培养基础在教育。

教育是一个民族最根本的事业，四个现代化的实现要靠知识、靠人才，政策上的失误易纠正过来，而知识不是立即就能得到的，人才也不是一天两天就能培养出来的，所以要抓教育，而且要从娃娃抓起。从长远观点看，教育是国家发展的大计，因为经济发展和社会进步离不开科技，科技发展又依赖全民族科学文化水平的提高。邓小平曾指出："抓科技必须同时抓教育。"① 第一，教育是现代化建设的战略基础，必须把教育摆在优先发展的战略地位。他再三指出："四个现代化，关键是科学技术的现代化。"② 第二，"科学技术人才的培养，基础在教育"③。

科学技术的发展进步的确依赖于教育的振兴和发展。"我们向科学技术现代化进军，要有一支浩浩荡荡的工人阶级的又红又专的科学技术大军，要有一大批世界第一流的科学家、工程技术专家。造就这样的队伍，是摆在我们面前的一个严重任务"④，而"科学技术人才的培养，基础在教育"。教育的生产力属性，为把教育摆在现代化建设战略地位提供了决策的理论前提。

（3）实施科教兴国战略。

党和国家领导人认识到中国的科学技术与世界先进水平的差距越拉越大，认识到要实现国家现代化建设、发展社会主义生产力，必须高度重视科技进步和教育发展。

---

① 邓小平. 邓小平文选：第 2 卷. 2 版. 北京：人民出版社，1994：40.

② 同①86.

③ 同①95.

④ 同①91.

1995年5月26日，江泽民在全国科技大会上指出："没有强大的科技实力，就没有社会主义的现代化……实施科教兴国战略，必将大大提高我国经济发展的质量和水平，使生产力有一个新的解放和更大的发展。"这是首次正式提出科教兴国战略。

1999年8月，全国技术创新大会提出进一步实施科教兴国战略，建设国家知识创新体系，加速科技成果向现实生产力转化。

2006年1月9日，胡锦涛在全国科学技术大会上的讲话中指出："科技竞争成为国际综合国力竞争的焦点。当今时代，谁在知识和科技创新方面占据优势，谁就能够在发展上掌握主动。"

2013年，习近平在联合国"教育第一"全球倡议行动一周年纪念活动上发表的视频贺词中指出，"中国将坚定实施科教兴国战略"。

自科教兴国战略提出以来，中国把科技创新和教育事业摆在了重要位置，一大批重大原创成果领跑全球。经过长期努力，中国特色社会主义进入了新时代，"科学技术是第一生产力"这一论断深入人心，全民科学意识觉醒，中国科教事业发展的良好环境成为国家发展、民族振兴永不枯竭的重要源泉。

党的十九大报告指出，要"坚定实施科教兴国战略"，并指出要"培养造就一大批具有国际水平的战略科技人才、科技领军人才、青年科技人才和高水平创新团队"。

### 3. 切实保障教育优先发展

（1）千方百计增加教育投入。

在中国教育发展和改革的进程中，很少有一个数字能如4%这样万众瞩目、牵动人心。早在1993年，《中国教育改革和发展纲要》首次提出到20世纪末，国家财政性教育经费支出占国内生产总值的比重应达到4%的目标；2012年，国家财政性教育经费支出占国内生产总值的4.28%，实现4%的突破；此后继续"坚持教育优先发展，财政性教育经费占国内生产总值比例持续超过4%。"也就是说，接下来连续5年4%的目标全部实现，并于2016年首超3万亿元。一场从"追4"到"破4"再到"保4"的

“攻坚战”，兑现了财政教育投入要明显高于财政经常性收入增幅的庄严承诺，彰显了教育优先发展战略的坚定决心。

教育经费占国内生产总值比例是世界上衡量一个国家教育水平的通行指标。对于拥有世界上最大教育规模的中国来说，4％目标的达成格外重要、尤为不易。维持如此大规模教育的正常运转，势必需要持续稳定增长的经济做保障。义务教育、学前教育、职业教育、普通高中教育、高等教育，都需要持之以恒的教育投入保障；乡村教师、边远贫困地区、民族地区，也需要用教育投入夯实公平和均衡发展之基。尤其是过去几年，在财政收支矛盾突出的背景下，中国的教育经费却做到了“只增不减”，打赢了4％的“保卫战”，教育改革蹄疾步稳，百姓有了实实在在的获得感。

有了钱，还要花得好、见实效，这有赖于科学的制度设计和投入导向的优化。2012年至2017年，国家财政性教育经费的使用始终坚持以绩效为导向，坚持“保基本、守底线、补短板、促公平”，坚持向农村地区、贫困地区、民族地区和困难群体倾斜，保证了教育支出结构的进一步优化、资金使用效益的进一步提高。

持续高效投入带来的教育发展进步显而易见：学前教育加快普及、义务教育进入优质均衡发展新阶段、高中阶段教育基本普及、高等教育大众化水平显著提升、现代职业教育框架体系基本确立、精准资助全面推进……全世界都在瞩目，中国的教育公平取得了长足进步、教育服务经济社会发展的能力正不断增强，中国的教育事业总体发展水平挺进了世界中上行列。

2017年数字显示，全国教育财政经费比上年增长了9.43％，国家财政性教育经费比上年增长了8.94％……不断上升的数字背后，是党中央对教育的高度重视，是中国建设教育强国的不断努力。

（2）各级政府把教育优先发展摆在重要议事日程。

教育是一个民族的根本事业，是全社会的共同事业。没有政府的统筹和领导，教育是不可能得到很好发展的。

邓小平同志要求各级领导要像抓好经济工作那样抓好教育工作，他说：“各级党委和政府，对教育工作不仅要抓，并且要抓紧、抓好，严格要求，少讲空话，多干实事。”① 江泽民同志指出，有远见的、成熟的、合格的领导，必须是重视教育的领导。一切对党、对人民高度负责的领导干部，都应为本地区教育的改革和发展做出努力。

党和国家领导人多次要求各级党委和政府关心解决教育工作中遇到的困难和问题，切实加强对教育工作的领导，结合本地区的实际情况，制定具体的实施方案，精心策划，统一部署，组织贯彻落实。凡是教育战略地位落实得不好的地区和部门，则要求他们进一步提高认识，下决心调整本地区本部门的建设布局和投资结构，确保教育事业的优先发展。

2007年出台的《国家教育事业发展“十一五”规划纲要》（简称《规划纲要》）更把教育作为政府的职责予以明确规定，主要有三个方面：一是明确政府的领导责任。要求各级政府切实把教育摆在优先发展的战略地位，把教育事业列入各级政府重要的议事日程，把教育的改革发展状况作为考核各级领导政绩的重要一条，不断加强对教育的领导和统筹力度。二是明确各级政府的投入责任。领导要重视，要研究，要关心，要加大教育投入。这是第一次在国家的规划里明确提出逐步使教育经费支出占国民生产总值比例的4%。《规划纲要》围绕实现4%的目标提出了具体要求，提出政府对义务教育负全责，提出高中阶段教育以政府投入为主，提出要逐步增加政府对职业教育的投入、对高等教育的投入。要求各级政府教育经费支出要按照实权和财权相统一的原则，在财权当中单独列项，报同级人民代表大会批准，并向社会公布，确保教育经费投入落到实处。三是明确政府的管理责任。《规划纲要》提出，要进一步明确各级政府在义务教育、职业教育和高等教育方面的管理责任。

2010年出台的《国家中长期教育改革和发展规划纲要（2010—2020年）》进一步提出，教育优先发展是党和国家提出并长期坚持的一项重大方针。各级党委和政府要把优先发展教育作为贯彻落实科学发展观的一项基本要求，切实保证经济社会发展规划优先安排教育发展，财政资金优先保障教育投入，公共资源优先满足教育和人力资源开发需要。

① 邓小平．邓小平文选：第3卷．北京：人民出版社，1993：121．

(3) 鼓励社会力量办学。

国家的教育事业，是一项复杂而艰巨的事业，决不是仅仅依靠政府的努力就可以办好的。邓小平说："教育事业，决不只是教育部门的事，各级党委要认真地作为大事来抓。各行各业都要来支持教育事业，大力兴办教育事业。"① 江泽民指出，要把落实教育优先发展的战略地位真正化为全民族的广泛共识和全社会的实际行动，为繁荣我国教育事业提供深厚的群众基础和社会合力。

社会力量兴办教育是指各种社会力量以捐赠、出资、投资、合作等方式举办或者参与举办法律法规允许的各级各类学校和其他教育机构。改革开放以来，作为社会力量兴办教育主要形式的民办教育不断发展壮大，形成了从学前教育到高等教育、从学历教育到非学历教育，层次类型多样、充满生机活力的发展局面，有效增加了教育服务供给，为推动教育现代化、促进经济社会发展做出了积极贡献，已经成为社会主义教育事业的重要组成部分②。

1997 年国家颁布了《社会力量办学条例》，并出台了相关政策，使民办教育逐步走上规范管理和规范办学的轨道。1999 年国家发布的《面向 21 世纪教育振兴行动计划》提出：社会力量办学要纳入依法办学、依法管理的轨道，并规定社会力量办学不以营利为目的，鼓励滚动发展。要完善法规建设，充实学校设置标准，健全管理体制，加强校容管理，严格财务审计，不断提高教育和管理水平，鼓励现有学校发挥规模效益。

2002 年 12 月国家发布了《中华人民共和国民办教育促进法》，2004 年 2 月又发布了《民办教育促进法实施条例》，从法律、法规上保证了民办学校和公办学校的同等地位。

2007 年，《国务院关于印发 2007 年工作要点的通知》提出，"支持和规范民办教育发展，发挥社会力量办学的积极性"。同年颁布的《国家教育事业发展"十一五"规划纲要》提出，要加强对民办教育的规范管理，引导民办教育健康发展。

---

① 邓小平. 邓小平文选：第 2 卷. 2 版. 北京：人民出版社，1994：95.

② 国务院关于鼓励社会力量兴办教育促进民办教育健康发展的若干意见：国发〔2016〕81 号.

2010 年，《国家中长期教育改革和发展规划纲要（2010—2020 年）》提出，要充分调动全社会关心支持教育的积极性，共同担负起培育下一代的责任，为青少年健康成长创造良好环境。完善体制和政策，鼓励社会力量兴办教育，不断扩大社会资源对教育的投入。

## 二、坚持立德树人

立德树人是发展中国特色社会主义教育事业的核心所在，是培养德智体美全面发展的社会主义建设者和接班人的本质要求。

### 1. 立德树人是中国特色社会主义教育的根本任务

（1）立德树人是中华传统文化的精华。

现代教育认为，教育是一项培养人的社会活动，完整的“人”的教育既要促进个人的个体化发展，也要促进人的社会化发展，这两个方面的总和正体现在“立德树人”这个古老而新颖的概念中。

中国“人德共生”的教育传统，最早可以追溯到先秦时期。关于“立德”一词最早的文字记载见于《左传·襄公二十四年》：“太上有立德，其次有立功，其次有立言。虽久不废，此之谓不朽。”“太上”意即最高。提到人生的价值，在中国的传统文化中，“立德”居于首位，高于建功立业和著书立说。人虽然终有一死，但在精神上却可能实现“虽久不废”“死而不朽”。如此一来，“立德”就被确立为做人的最高价值目标和终极精神追求。

“树人”一词出自《管子·权修》：“一年之计，莫如树谷；十年之计，莫如树木；终身之计，莫如树人。一树一获者，谷也；一树十获者，木也；一树百获者，人也。”中华民族的先祖们已经充分认识到，培养人才是长久之计，是治国的根本大计，“立德”与“树人”是培养人才的根本指导原则。

借助教育来“立德树人”，让广大青少年学生既有真才实学，又不断增进个人道德修养、社会担当、家国情怀，才能有益于国家、有益于社会、有益于个人，才能造就中华民族伟大复兴所需要的强大的人才！立德树人，关系世道人心，关系中国特色社会主义事业的全局和长远。

（2）立德树人是党的教育方针。

“培养什么人，怎样培养人”是教育的根本问题和永恒主题。改革开放以来的实践证明，“立德树人”是对中国改革开放以来思想道德建设和教育发展经验的高度凝练和系统总结。

1978年，邓小平在全国教育工作会议上指出：“应该使受教育者在德育、智育、体育几方面都得到发展，成为有社会主义觉悟的有文化的劳动者。”① 1982年，《中华人民共和国宪法》第四十六条第二款规定：“国家培养青年、少年、儿童在品德、智力、体质等方面全面发展。”1995年，《中华人民共和国教育法》第五条规定：“教育必须为社会主义现代化建设服务，必须与生产劳动相结合，培养德、智、体等方面全面发展的社会主义事业的建设者和接班人。”2002年，党的十六大报告提出：“坚持教育为社会主义现代化建设服务，为人民服务，与生产劳动和社会实践相结合，培养德智体美全面发展的社会主义建设者和接班人。”

党的十七大报告提出，“坚持育人为本、德育为先，实施素质教育，提高教育现代化水平，培养德智体美全面发展的社会主义建设者和接班人，办好人民满意的教育”，这是首次提出“育人为本、德育为先”。

2012年11月，中国共产党第十八次全国代表大会召开，大会报告进一步强调把立德树人作为教育的根本任务，培养造就中国特色社会主义事业的建设者和接班人。将“立德树人”的定位置于“全面发展”之上。党的十八大以来，以习近平同志为核心的党中央，要求全面贯彻党的教育方针，坚持教育为社会主义现代化服务、为人民服务，把立德树人作为教育的根本任务，培养德智体美全面发展的社会主义建设者和接班人。之后的5年，中国教育格局发生了翻天覆地的变化。

党的十九大再次强调，立德树人根本任务是教育系统坚持和发展中国

① 邓小平．邓小平文选：第2卷．2版．北京：人民出版社，1994：103.

特色社会主义的核心所在，要把德育摆在更重要的位置，丰富育人载体，创新育人方式，构建长效机制，写好立德树人新篇章。

### 2. 坚持理想信念与核心价值观教育

（1）理想信念指引人生方向。

青少年富于理想，理想是他们对美好未来的向往和追求，是他们奋进的动力，也是他们形成人生观、世界观的起点。如果没有理想信念，或者缺乏远大的理想，一个青年可能会暮气沉沉、无所作为，或者还可能为追求私利滑入错误的道路。只有引导青年树立正确而远大的理想，才能为他们提供前进的正确方向和巨大力量，为他们形成正确的人生观和科学的世界观打好基础。现阶段我国各族人民的共同理想就是建设有中国特色的社会主义，把我国建设成为高度文明、高度民主的社会主义现代化强国。

理想信念教育不仅要在党员干部中开展，而且要面向全社会开展。要深入开展中国特色社会主义宣传教育，把全国各族人民团结和凝聚在中国特色社会主义伟大旗帜之下。

理想信念教育关乎青少年一代思想根基，必须牢牢筑实。习近平强调，对马克思主义、共产主义的信仰，对社会主义的信念，是共产党人精神上的“钙”。没有理想信念，理想信念不坚定，精神上就会得“软骨病”，就会在风雨面前东摇西摆。

1985年，邓小平强调要教育全国人民做到有理想、有道德、有文化、有纪律，这一点后来被概括为“四有”新人。培养“四有”新人成为全党的共识，被写入党的历次代表大会的报告和决议之中，作为建设中国特色社会主义的一个战略措施和战略目标。随后，江泽民进一步发展和丰富了邓小平培养“四有”新人的思想。1989年，他在庆祝中华人民共和国成立四十周年大会上的讲话中强调，“社会主义不仅要实现经济繁荣，而且要实现社会的全面进步。坚持社会主义物质文明和精神文明一起抓，是我们的基本方针。精神文明建设，说到底，是要提高全民族的素质，培养有理想、有道德、有文化、有纪律的社会主义新人”。党的十五大报告把培养“四有”新人作为有中国特色社会主义文化建设的一项重要任务。这体现了国家对合格公民的素质要求，为教育部门、各级各类学校培养全面发展的人提供了新的时代内涵。

2013 年 5 月 4 日，习近平同各界优秀青年代表座谈时强调：广大青年一定要坚定理想信念。“功崇惟志，业广惟勤。”理想指引人生方向，信念决定事业成败。没有理想信念，就会导致精神上“缺钙”。中国梦是全国各族人民的共同理想，也是青年一代应该牢固树立的远大理想。中国特色社会主义是我们党带领人民历经千辛万苦找到的实现中国梦的正确道路，也是广大青年应该牢固确立的人生信念。

2018 年 5 月 2 日，在五四青年节和北京大学建校 120 周年校庆日到来之前，习近平总书记在北京大学考察时提出，培养社会主义建设者和接班人，要坚持办学正确政治方向。

（2）将社会主义核心价值观融入教育全过程。

习近平总书记指出，“核心价值观，承载着一个民族、一个国家的精神追求，体现着一个社会评判是非曲直的价值标准”。

党的十八大以来，我国高度重视培育和践行社会主义核心价值观。党的十九大报告指出：“社会主义核心价值观是当代中国精神的集中体现，凝结着全体人民共同的价值追求。”社会主义核心价值观，不仅蕴含着绵延五千年的中华优秀传统文化，也包含着党在革命、建设、改革等伟大实践中形成巩固的革命文化和社会主义文化，是立德树人的文化根基。另外，社会主义核心价值观是对国家、社会和个人之德的整合，它回答的是应该建设什么样的国家，应该培养公民什么样的价值追求。

“让社会主义核心价值观在少年儿童中培育起来，家庭、学校、少先队组织和全社会都有责任……家长要时时处处给孩子做榜样，用正确行动、正确思想、正确方法教育引导孩子。要善于从点滴小事中教会孩子欣赏真善美、远离假丑恶。要注意观察孩子的思想动态和行为变化，随时做好教育引导工作。学校要把德育放在更加重要的位置，全面加强校风、师德建设，坚持教书育人，根据少年儿童特点和成长规律，循循善诱，春风化雨，努力做到每一堂课不仅传播知识、还传授美德，每一次活动不仅健康身心、还陶冶性情……少先队要坚持开展组织教育、自主教育、实践活动……把广大少年儿童团结好、教育好、带领好。全社会都要了解少年儿童、尊重少年儿童、关心少年儿童、服务少年儿童，为少年儿童提供良好社会环境。对损害少年儿童权益、破坏少年儿童身心健康的言行，要坚决防止和依法打击。”①

习近平总书记指出，培育和践行社会主义核心价值观，要从娃娃抓起、从学校抓起，做到进教材、进课堂、进头脑，使社会主义核心价值观内化为人们的精神追求。落实立德树人，就需要把社会主义核心价值观放在学校工作首位，并将德育细化为学生素养指标和学业质量指标，推动其进教材、进课堂、进头脑，以促进德育、智育的交融。

党的十八大以来，全国教育系统把社会主义核心价值观贯彻到依法治教、依规治校的实践中，修订了《中小学生守则》，制定了《中等职业学校学生公约》《中小学教师行为规范》和《中小学教师违反职业道德行为处理办法》，推进大学章程建设，强化规章制度实施力度，在学校日常管理中彰显、渗透社会主义核心价值观。

### 3. 落实立德树人工作

(1) 育人为本、德育为先。

“育人为本、德育为先”，这个论断确定了德育在教育中的重要地位。中国文化素有重视德育的传统，中国共产党很好地继承并发扬了中华民族优良的德育和教育传统，在革命和建设的各个时期都坚持重视德育工作，特别是把坚定正确的政治方向放在各级各类学校教育工作的第一位。改革开放以来，党和国家进一步加强德育工作并提高对办学思想政治方向的认识。

习近平总书记高度重视道德建设，他在2003年9月第四届全国道德模范座谈会上讲话时指出，精神的力量是无穷的，道德的力量也是无穷的。“中华文明源远流长，孕育了中华民族的宝贵精神品格，培育了中国人民的崇高价值追求。自强不息、厚德载物的思想，支撑着中华民族生生不息、薪火相传，今天依然是我们推进改革开放和社会主义现代化建设的强大精神

① 习近平．在北京市海淀区民族小学主持召开座谈会时的讲话．人民网，2014-05-30.

力量。”

2014 年 5 月 4 日在北京大学考察时，习近平说，“如果第一粒扣子扣错了，剩余的扣子都会扣错。人生的扣子从一开始就要扣好”。对于每个人来说，选择正确的人生道路都是有意义的，而有价值、有意义的人生离不开“德”字。人无德不立，国无德也难兴。

（2）把立德树人作为中心环节。

“要坚持把立德树人作为中心环节，把思想政治工作贯穿教育教学全过程，实现全程育人、全方位育人”。2016 年习近平总书记在全国高校思想政治工作会议上的重要讲话，站在实现中华民族伟大复兴的全局和战略高度，科学地回答了高校培养什么样的人、如何培养人以及为谁培养人这一根本问题，为做好新形势下高校思想政治工作、发展高等教育事业指明了行动方向。“我们办的是社会主义教育，培养的是社会主义建设者和接班人，方向永远是第一位的、决定性的”。

党的十八大以后，各地各高校全面贯彻党的教育方针，紧紧围绕立德树人这一根本任务，坚定理想信念，增强“四个意识”，不断推动高校思想政治工作创新发展，不断巩固马克思主义在高校的指导地位，高校思想政治工作成效显著。高校师生思想状况主流积极向上，对党的领导衷心拥护，对以习近平同志为核心的党中央充分信赖，对“四个全面”战略布局高度认同，对中国特色社会主义的道路自信、理论自信、制度自信和文化自信更加坚定，对实现中华民族伟大复兴中国梦充满信心。

（3）顶层设计、遵循规律。

中国在立德树人方面积累了宝贵经验，形成了富有中国特色的育人路径，其经验是坚持由国家主导开展顶层设计，遵循青少年儿童身心发展规律进行学校德育，在全社会培育良好的道德文化氛围。

2007 年出台的《国家教育事业发展“十一五”规划纲要》提出：“坚持育人为本、德育为先，把立德树人作为教育的根本任务。”此后，“立德树人”作为教育的根本任务得到了历任领导人的高度重视，也逐渐成为教育系统普遍的共识。

2010 年《国家中长期教育改革和发展规划纲要（2010—2020 年）》明确

提出“把育人为本作为教育工作的根本要求”，“把促进学生健康成长作为学校一切工作的出发点和落脚点”。

习近平总书记在许多场合反复强调“立德树人”的重要性，强调要把立德树人落在实处。党的十八大以来，围绕立德树人这一核心命题，密集出台了一系列政策措施。

2014年，教育部发布《完善中华优秀传统文化教育指导纲要》，提出建设中华经典资源库，开展各种形式的中华优秀传统文化教育，让广大青少年从小就打好中国底色，做堂堂正正的中国人。

国家历时5年完成统编义务教育道德与法治、语文、历史教材的工作，并在全国中小学投入使用这些教材，教材突出爱国爱党爱社会主义教育、中华优秀传统文化教育和革命传统教育，让社会主义核心价值观在潜移默化中入耳、入脑、入心。

2014年出台了《教育部关于全面深化课程改革落实立德树人根本任务的意见》。2015年1月，《关于进一步加强和改进新形势下高校宣传思想工作的意见》发布，为高校如何培养又红又专、德才兼备、全面发展的中国特色社会主义合格建设者和可靠接班人指明了方向。

2017年9月，教育部发布《中小学德育工作指南》，为中小学校开展德育工作提供基本遵循，该指南成为各级教育行政部门管理、督导、评价中小学德育工作的重要依据。

数据是最好的佐证：2016年5月，已连续开展了25年的高校学生思想政治状况滚动调查显示：95.4%的学生认可“中国特色社会主义事业进一步发展，综合国力不断增强，国际地位明显提高”，92.8%的学生赞同“大学生应成为社会主义核心价值观的积极传播者和践行者”。

## 三、坚持把改革创新作为教育发展的强大动力

天下之事，非新无以为进。中国教育取得的历史性成就，离不开改革这一根本动力。“在社会主义的发展动力问题上，我们强调改革也是一场

革命，是中国实现现代化的必由之路。”① 在教育事业的发展上，改革创新同样担当了重要的角色。党的十八大报告提出，“改革开放是坚持和发展中国特色社会主义的必由之路。要始终把改革创新精神贯彻到治国理政各个环节”。教育领域的改革开放是中国整个改革开放事业的重要环节。事实证明，改革创新是中国教育经验中最鲜明的特色。

### 1. 改革创新是教育发展的必由之路

自1978年实行改革开放以来，在几代中央领导集体的大力推动下，中国的教育事业发展迅速，取得了巨大成就。中国形成了一条具有中国特色的社会主义教育发展之路，构建了世界上最大规模的教育体系，极大提高了人民的素质，促进了经济和社会的发展。

*（1）教育改革创新是中国改革事业的组成部分。*

1978年，党的十一届三中全会决定从1979年起把全党全国工作的重心转移到社会主义现代化建设上来。1982年党的第十二次全国代表大会提出中国继续发展社会主义物质文明和精神文明建设的重要目标，“中国共产党在新的历史时期的总任务是：团结全国各族人民，自力更生，艰苦奋斗，逐步实现工业、农业、国防和科学技术现代化，把我国建设成为高度文明、高度民主的社会主义国家”。大会提出，在全面开创新局面的各项任务中，首要任务是继续把社会主义现代化经济建设推向前进，为此确立了我国经济建设的战略目标、战略重点、战略步骤和一系列方针政策。

要实现这些全局性的目标，就必须通盘解决教育等重要问题。大会指出：通观全局，为实现上述经济发展目标，最重要的是要解决好农业问题，能源、交通问题和教育、科学问题。建设四个现代化的关键是科学技术的现代化，而我国当时的情况是：许多企业生产技术和经营管理落后，大批职工缺乏必要的科学文化知识和操作技能，熟练工人和科学技术人员严重不足。这些成为我国现代化建设的桎梏。解决技术和高素质劳动者不足问题的办法只能是教育。因此，大力普及初等教育，加强中等职业教育

① 江泽民. 江泽民文选：第2卷. 北京：人民出版社，2006：193.

和高等教育，发展包括干部教育、职工教育、农民教育、扫除文盲在内的城乡各级各类教育事业，培养各种专业人才，提高全民族的科学文化水平便成为大会确定的重要战略重点。“总之，在今后二十年内，一定要牢牢抓住农业、能源和交通、教育和科学这几个根本环节，把它们作为经济发展的战略重点。”

为进一步解放和发展生产力，20 世纪 80 年代中期，我国整个经济体制的改革全面推开。1984 年党的十二届三中全会通过了《中共中央关于经济体制改革的决定》。1985 年 3 月，《中共中央关于科技体制改革的决定》发布。同年 5 月，中共中央召开全国教育工作会议，通过了《中共中央关于教育体制改革的决定》，对我国教育体制的改革做了全面部署。

实践表明，我国的教育改革和发展是教育领域的改革开放，是中国整个改革开放事业的重要环节，与整个社会主义现代化建设事业息息相关。教育在社会主义现代化建设中发挥着基础性、全局性、先导性作用，教育领域的改革和发展对其他领域的改革进程有着直接的影响，没有教育领域的改革和发展，就不能为社会持续提供高素质的劳动者，不能维持社会的知识生产，经济和社会的发展就会失去人才支撑和智力支持。作为社会事业改革创新的核心内容，教育领域内的改革创新是全面深化改革的重要组成部分，因而必定要围绕全面深化改革的总目标，坚持教育为社会主义服务、为人民服务的方向，坚持教育与生产实践相结合，完善科学规范的教育治理体系，形成高水平的教育治理能力，为实现“两个一百年”奋斗目标做出贡献。

（2）积极应对世界教育发展的趋势。

随着经济全球化和世界政治多极化的发展，国与国之间的竞争越来越表现为以科技和经济为核心的综合国力的竞争，教育的作用日益凸显并普遍受到世界各国的重视。为迎接世界经济和新科技革命的挑战，许多国家相继实行教育改革。

在《欧洲 2020：智慧、可持续与包容性的增长战略》中，欧盟将教育发展作为自己未来十年总体发展的核心，并将教育作为实现智慧增长、可持续增长和包容性增长的关键，以期借助教育培训的发展走出一条新路，作为摆脱经济衰退、重塑社会凝聚力的基础。美国政府则强调，美国要想赢得未来，就必须赢得教育的竞赛；只有解决教育问题，才能使美国在知识经济时代继续引领世界，把 21 世纪变成另一个美国世纪。此外，加拿大、俄罗斯、日本、印度等国纷纷制定教育的国家规划，推动各国教育的发展。

世界教育改革的浪潮浩浩荡荡，作为拥有世界上最大规模教育体系的中国，要想在激烈的国际教育竞争中勇立潮头，就必须密切关注世界教育发展的大势，以开放促进改革，以改革扩大开放。

希望在于改革，改革大得人心。中国共产党人从来就是改革的促进派。

*（3）教育改革创新是教育自身的完善和发展。*

社会主义是一场革命，教育领域的改革创新也是中国特色社会主义教育自身发展的一场革命。2002 年在庆祝北京师范大学建校一百周年的讲话中，江泽民从实施科教兴国战略和素质教育的高度，全面论述了教育创新的战略思想，并把教育创新与理论创新、制度创新和科技创新并列。

未来不是我们要去的地方，而是我们要创造的地方。中国教育的改革创新塑造了中国教育的现在和未来，如果没有教育上的改革和创新，也就没有中国特色的社会主义教育事业的发展。教育是一种上层建筑，教育的发展取决于经济基础，经济与社会的状况制约着教育的改革创新。无论是社会制度变革、经济结构变革还是思想变化、科学技术变革，都会引起教育内部的变化，如教育理念、教育内容、教育方法、教育手段的变革与更新。反过来说，教育领域的改革是一项复杂的系统工程，常常牵一发而动全身，在改革过程中，必须反复权衡各项利弊、统筹兼顾各方利益。处理好改革与发展、数量与质量、公平与效率之间的关系是教育改革创新的关键问题。

### 2. 改革创新是教育发展的强大动力

*（1）改革创新是教育发展之源泉。*

《中共中央关于社会主义精神文明建设指导方针的决议》指出："改革是社会主义制度的自我完善和发展。"这是对改革与社会主义关系的定位，彰显了改革的重要战略地位。

“尊新必威，守旧必亡。”教育的发展取决于改革，教育的改革在于创新，教育的改革过程是一个吐故纳新、优胜劣汰的创新过程，改革创新是教育发展的强大动力。通过改革创新，能优化教育理念、激活教育机制，使教育的潜能得到最有力的发挥、资源得到最优的配置、价值得到最充分的体现、质量得到最大的提高。只有不断地改革创新，才能真正地探索出一条指引我国教育发展的新道路。

中国40年来的发展实践证明，改革开放是教育事业发展的强大动力。40年来，中国不断深化教育教学改革，重视改革的系统设计和整体安排，加快重要领域和关键环节改革步伐，以改革推动发展，以改革提高质量，以改革增强活力，进一步消除制约教育发展和创新的体制机制障碍，以全面形成与社会主义市场经济体制和全面建设小康社会目标相适应的充满活力、富有效率、更加开放、有利于科学发展的教育体制机制。

唯改革者进，唯创新者强。正如习近平所说，“创新是民族进步的灵魂，是一个国家兴旺发达的不竭源泉，也是中华民族最深沉的民族禀赋，正所谓‘苟日新，日日新，又日新’。生活从不眷顾因循守旧、满足现状者，从不等待不思进取、坐享其成者，而是将更多机遇留给善于和勇于创新的人们”①。

(2) 坚持“教育要发展，根本靠改革”的理念。

1985年5月，党中央、国务院在北京召开了改革开放以来的第一次全国教育工作会议，600多位代表以《中共中央关于教育体制改革的决定(草案)》为中心议题展开热烈讨论，同时研究贯彻执行的步骤和措施。邓小平在会议闭幕式上做了题为《把教育工作认真抓起来》的重要讲话，要求各级领导像抓好经济工作那样抓好教育工作，把中央的教育体制改革决定落到实处。会后，《中共中央关于教育体制改革的决定》正式颁布。

教育体制改革，尤其是实行基础教育“分级办学、分级管理”的体制改革，对于调动全社会关心、支持教育的积极性，从根本上改变我国中小

① 习近平．在同各界优秀青年代表座谈时的讲话．人民日报，2013-05-05 (2)．

学特别是农村中小学的落后面貌，具有极为重要的意义。从 1985 年到 1992 年，仅仅 7 年，社会各方面集资办教育的资金就达 1 062 亿多元，农村中小学的破旧危房基本消除，办学条件明显改善，为推进基本普及九年义务教育和基本扫除青壮年文盲打下了坚实的基础。如果单纯依靠国家投入，完成这些工作需要 100 年左右的时间。

党的十五大确立了“实施科教兴国战略和可持续发展战略”，指出要深化科技和教育体制改革，促进科技、教育同经济的结合。走产学研结合的道路，解决科技和教育体制上存在的条块分割、力量分散的问题。

人们常把 2010 年称为中国教育改革之年。这一年，召开了进入新世纪后的第一次全国教育工作会议，会后颁布的《国家中长期教育改革和发展规划纲要（2010—2020 年）》为未来 10 年教育改革和发展描绘了宏伟蓝图。2011 年，国家教育改革进入“全面实施年”。随着国家教育体制改革试点工作的全面启动，425 项改革试点项目以培养模式、办学体制、管理体制和保障机制改革为重点，从国家、地方和学校三个层面形成了自上而下和自下而上相结合的改革新局面。

2012 年 11 月，党的十八大报告提出“深化教育领域综合改革”。2013 年出台的《教育部关于 2013 年深化教育领域综合改革的意见》要求：“以加快推进教育现代化、努力办好人民满意的教育为目标，以破解制约教育科学发展的关键领域和薄弱环节为突破口，以加快转变教育发展方式、完善推进教育改革的体制机制为着力点，不失时机深化教育领域综合改革。”

2017 年 10 月，党的十九大报告强调“深化教育改革”。改革开放 40 年来，教育领域取得的成就和现有的水平是举世瞩目的。但是，也应清醒地认识到，中国教育优先发展地位还需进一步巩固，教育发展还存在不平衡、不协调的问题，学前教育、职业教育、继续教育仍然是教育体系中的突出短板，教师队伍还不能适应提升质量与促进公平的新要求，教育对外开放的水平不够高……这些新问题新挑战，需要在全面深化教育领域综合改革、推进教育治理体系和治理能力现代化的进程中加以解决。

全面深化教育领域综合改革，需要新的教育发展理念的引领。2017 年 1 月，国务院印发的《国家教育事业发展“十三五”规划》指出，要“以创新、协调、绿色、开放、共享的发展理念统领教育改革发展”。创新是引领发展的第一动力，协调是持续健康协调发展的内在要求，绿色是永续发展的必要条件和人民对美好生活追求的重要体现，开放是国家繁荣发展的必由之路，共享是中国特色社会主义的本质要求。只有从整体上、从内在联系中把握新发展理念，增强贯彻落实的全面性、系统性，才能在教育改革发展的理论和实践上有新突破，不断开拓教育领域综合改革的新境界。

（3）不断增强改革的本领。

改革就是要走前人没有走过的路。中国特色的社会主义教育改革也是一条没有前人走过的路，面对复杂的教育改革问题，既需要有大无畏前行的勇气，也需要有拿手的本领。

习近平常常提醒全党同志特别是各级领导干部，要有“本领不够”的危机感，要“一刻不停地增强本领”。因为只有全党本领不断增强了，“两个一百年”的奋斗目标才能实现，中华民族伟大复兴的“中国梦”才能梦想成真。

如何增加教育改革的本领？中国的经验表明：第一，要把马克思主义哲学作为自己的看家本领，自觉在教育改革事业中坚持和运用辩证唯物主义世界观和方法论，增加对问题的辩证认识，培养战略思维，更好地指导教育实践。第二，要保持教育改革的战略定力，坚持独立自主，既不封闭僵化，也不改旗易帜，毫不动摇地坚持中国教育的社会主义性质，决不在教育改革的根本性问题上出现颠覆性错误。第三，要在教育改革中提高战备思维、历史思维、辩证思维、创新思维和底线思维能力。第四，要注重教育改革中的调查研究。习近平指出：“调查研究是谋事之基、成事之道。没有调查，就没有发言权，更没有决策权。”第五，要发扬钉钉子精神。钉子之所以能钉进木板，是因为目标小，力度适当。在教育改革中发扬钉钉子精神，就是切实把工作落到实处，做出经得起实践、人民、历史检验的实绩。

### 3. 教育改革符合中国的根本利益

中国的教育改革之所以能取得举世瞩目的成就，是因为它符合中国的实际，适应时代之潮流，合乎人群之需要。

（1）教育改革符合中国社会主义初级阶段这一最大国情。

教育不是独立存在的，它是社会的一个子系统，对社会的发展具有依赖性。作为国家的上层建筑，教育的发展受制于国家的基本国情，特别是国家的社会性质、社会发展阶段和生产力发展水平。

现阶段我国最大的国情就是仍处于社会主义初级阶段。党的十一届三中全会以来，领导人在几次重要会议的决议中都明确指出，我国处在社会主义的初级阶段。社会主义初级阶段有着特定的含义：第一，我国已经进入社会主义社会；第二，生产力的水平还很低，社会主义制度还不完善。这是我国的实际情况，也是我国最基本的国情。只有从我国最基本的国情出发，才可能制定和执行一条正确的路线，才能搞清楚我们为什么要实行现在这样的路线和政策而不是别的路线和政策。

在中国的大地上，要想有建树、有成就，关键是要脚踏着祖国大地，胸怀着人民期盼，找准专业优势和社会发展的结合点，找准先进知识和我国实际的结合点，使创新创造真正落地生根、开花结果。

党的十九大报告指出，中国特色社会主义已经进入新时代，中国社会的主要矛盾已经转化为人民日益增长的美好生活需要和不平衡不充分的发展之间的矛盾。习近平强调，社会主要矛盾的变化是关系全局的历史性变化，对党和国家工作提出了许多新要求。我们要在继续推动发展的基础上，着力解决好发展不平衡不充分问题，大力提升发展质量和效益，更好满足人民在经济、政治、文化、社会、生态等方面日益增长的需要，更好推动人的全面发展、社会的全面进步。

基于新时代的国情，中国把教育改革推进的目标确定为推进解决中国教育发展不平衡不充分的问题。

（2）教育改革立足时代、放眼世界。

进入 20 世纪中后期，世界上所有的封闭空间几乎都被经济全球化打开了，不同文明之间联系更为密切，交流更为广泛，国与国之间的相互依存性也越来越强，要想实现更快更好的发展，任何国家都离不开全球化这个大的时代环境。

改革开放之初，中国就提出教育要“面向现代化、面向世界、面向未来”的战略指导方针。教育面向世界，就是要求中国的教育改革和发展不仅要着眼于中国，而且要放眼世界，注重了解世界各国社会发展与教育发展的经验。1995 年颁布的《中华人民共和国教育法》第七条规定：“教育应当继承和弘扬中华民族优秀的历史文化传统，吸收人类文明发展的一切优秀成果。”

进入 21 世纪以后，合作共赢成为时代主题，时代发展要求教育与世界融合，对教育“面向世界”提出了新的要求。在这样的时代背景下，习近平高瞻远瞩地指出，“今天的世界是各国共同组成的命运共同体。战胜人类发展面临的各种挑战，需要各国人民同舟共济、携手努力。教育应该顺此大势，通过更加密切的互动交流，促进对人类各种知识和文化的认知，对各民族现实奋斗和未来愿景的体认，以促进各国学生增进相互了解、树立世界眼光、激发创新灵感，确立为人类和平与发展贡献智慧和力量的远大志向”①。

（3）教育改革实事求是、遵循教育规律。

解放思想、实事求是不仅是中国共产党的思想路线，也是中国特色社会主义改革创新遵行的基本思想路线。教育改革创新的目的在于引领中国教育发展、促进教育公平、提高教育质量、增进教育活力，突破不合时宜的旧思想、旧观念。

1977 年，邓小平恢复工作，在教育领域进行拨乱反正，推翻“两个估计”，恢复高考制度，派遣留学生，肯定知识分子是工人阶级的一部分，实事求是的思想路线被重新确立。可以说，中国的改革开放，在一定意义上是从教育领域的改革开放开始的。40 年来，我国教育改革不断深化，“解放思想、实事求是”这一思想路线是一以贯之的。

习近平指出，解放思想是首要的。在深化改革的问题上，一些思想观念障碍往往不是来自体制外而是来自体制内。思想不解放，我们就很难看清各种利益固化的症结所在，很难找准突破的方向和着力点，很难拿出创

① 习近平．致清华大学苏世民学者项目启动仪式的贺信．人民日报，2013-04-22（1）．

造性的改革举措。要“勇于解放思想、与时俱进，敢于上下求索、开拓进取，树立在继承前人的基础上超越前人的雄心壮志，‘以青春之我……，创建青春之国家，青春之民族’。要有逢山开路、遇河架桥的意志，为了创新创造而百折不挠、勇往直前。要有探索真知、求真务实的态度，在立足本职的创新创造中不断积累经验、取得成果”①。他还指出，一定要有自我革新的勇气和胸怀，跳出条条框框限制，克服部门利益掣肘，以积极主动精神研究和提出改革举措。

实践证明，只有解放思想，才能跳出既有观念的束缚；只有解放思想，才能冲破既定体制的框架，才能实现深化教育领域改革和发展的既定目标。

党的十八大以后，中国进入了波澜壮阔的新时代。习近平总书记指出，中国改革“已进入深水区，可以说，容易的、皆大欢喜的改革已经完成了，好吃的肉都吃掉了，剩下的都是难啃的硬骨头”。“入之愈深，其进愈难。”党的十八大以来，深化改革开放、推进创新驱动一直是以习近平同志为核心的党中央治国理政的重要着力点，也是历年两会习近平总书记的必谈话题。

党的十八大以来，习近平总书记在领导全党和全国人民开始中国特色社会主义新时代的伟大实践中，始终把教育工作摆在突出位置，系统提出了一系列新理念新思想新战略，形成了系统完整的教育思想。李克强总理多次主持会议研究教育工作和部署新任务新要求。党的十八大以来，中国的教育事业取得了历史性成就，发生了历史性变化，总体发展水平已经进入世界中上水平。

## 四、坚持促进公平

改革开放40年来，从确立教育优先发展战略，到把实施科教兴国作为

① 习近平．在同各界优秀青年代表座谈时的讲话．人民日报，2013-05-05（2）．

基本国策，再到人才强国战略……在前所未有的挑战与战略机遇面前，中国做出了攸关国家前途和民族命运的重大历史抉择，一条更好、更公平的教育之路在中国人民的脚下铺展开来：恢复高考、立德树人、改革创新、促进公平、提高质量……以浓墨重彩之笔绘就了一幅让人民满意、让人人都有出彩机会的中国教育画卷，也让用知识与信念充实起来的中国人成为托举民族复兴梦的强大引擎。

### 1. 教育公平是社会公平的基础

(1) 教育公平是社会公平正义在教育领域的体现。

作为一种价值理念，公平正义是人类追求美好生活的永恒主题，也是人类社会发展进步的动力。中国共产党自成立起就担负起追求公平正义的使命，并为此努力奋斗。无论是争取民族解放、国家独立，还是进行社会主义建设，公平都是贯穿其中的一个目标。

教育公平是社会公平正义在教育领域的体现，是实现社会公平的基础和基本途径之一。一个国家的政府，如果希望保持社会的发展和稳定，就必须采取一切措施来实现和维护好公平。

(2) 公平与效率的时代性。

所有改革必须面对的首要问题是公平与效率的关系问题。是公平优先还是效率优先？对这一问题的回答既反映了改革的不同价值取向，也反映了改革在不同时期的不同选择。教育改革自然也不例外。

改革开放之初，中国各项事业百废待兴，亟需各方面的人才，教育事业因为十年的停顿，亟待重新起步，而教育所能获得的资源又极其有限，因此，当时我国的教育改革更多地强调效率优先，兼顾公平。历史证明，这条路线是有效的，对当时的中国而言是正确的。随着中国生产力的不断解放、经济的不断发展，中国对教育公平的关注和投入也越来越多。改革开放 40 年来，中国教育取得了巨大成就，在推进教育公平的问题上也做出了很大努力，较为成功地解决了“穷国办大教育”的世界性难题，全面实施了免费义务教育，实现了高等教育的大众化。

中国历史悠久，幅员辽阔，教育发展的不均衡是历史上一直存在的问题。然而，效率优先的做法在事实上拉大了这种不均衡，东部和西部、城市和乡村、优质学校和薄弱学校之间的差距越来越大。近年来群众反映强烈的择校热、补习风等热点、难点问题，几乎都与教育发展不均衡有密切的关系，教育公平逐渐成为民生关注的重点，成为政府优先考虑的问题。

（3）重提教育公平。

在中国特色社会主义教育发展过程中，随着国民受教育程度的提高，公平作为突出的社会问题受到我国公民的广泛关注。“教育公平作为社会公平价值在教育领域的延伸和体现，不仅是教育现代化的基本价值和基本目标，也是社会公平的重要基石”①。

2010 年 10 月 18 日，胡锦涛总书记在党的十七届五中全会上提出，要认真落实《国家中长期教育改革和发展规划纲要（2010—2020 年）》，落实促进教育公平、提高教育质量重大举措，办好人民满意的教育。在同年 12 月的中央经济工作会议上，胡锦涛再次强调，要全面落实《国家中长期教育改革和发展规划纲要（2010—2020 年）》，重在促进教育公平、提高教育质量。

党的十八大非常敏锐地洞察到中国教育问题的病根子，再提促进教育公平。刘延东在阐述教育公平的重要性时曾经提出，讲公平是由社会主义制度的本质要求和教育的公益性决定的，也是贯彻科学发展观的体现。教育问题是重大民生问题，教育公平是社会公平的起点，人民群众对于教育公平的期望远远高过其他领域。促进教育公平，应是今后相当长一段时间内中国教育改革和发展的基本原则和前提。

“大道之行也，天下为公”。发展的目的是造福人民。要让发展更加平衡，让发展机会更加均等、发展成果人人共享，就要完善发展理念和模式，提升发展公平性、有效性、协同性②。

习近平指出，教育公平是社会公平的重要基础，要不断促进教育发展成果更多更公平惠及全体人民，以教育公平促进社会公平正义。要加强对基础教育的支持力度，办好学前教育，均衡发展九年义务教育，基本普及

① 杨东平. 中国教育公平的理想与现实. 北京：北京大学出版社，2006：3.

② 习近平. 共担时代责任，共促全球发展. 人民日报，2017-01-18（1）.

高中阶段教育。要优化教育资源配置，逐步缩小区域、城乡、校际差距，特别是要加大对革命老区、民族地区、边远地区、贫困地区基础教育的投入力度，保障贫困地区办学经费，健全家庭困难学生资助体系。要推进教育精准脱贫，重点帮助贫困人口子女接受教育，阻断贫困代际传递，让每一个孩子都对自己有信心、对未来有希望①。

“我们的人民热爱生活，期盼有更好的教育……人民对美好生活的向往，就是我们的奋斗目标。”② 在党的十八届一中全会后中央政治局常委与中外记者见面会上，习近平总书记把“更好的教育”列为人民的期盼之一，重视程度可见一斑。此后，在全国两会上，在教师节慰问信中，在多次考察、讲话、批示中，他从教育公平、改革创新、立德树人等多个层面对教育发表论述。

### 2. 促进公平成为基本国策

（1）教育公平不能一蹴而就。

教育公平是社会公平的基础，把教育公平作为国家的基本国策是促进社会公平的基础性任务，也是中国共产党的政治理想。

中国共产党的宗旨是“全心全意为人民服务”，自她领导中国人民成功建立中华人民共和国以来，追求教育公平是她一直不懈努力的目标。1954 年中华人民共和国第一部宪法明确规定：“各民族一律平等。”“中华人民共和国公民有受教育的权利。国家设立并逐步扩大各种学校和其他文化教育机关，以保证公民享受这种权利。”随后的四部宪法和宪法修正案始终坚持了以上规定的原则。1995 年颁布的《中华人民共和国教育法》依据宪法原则，进一步明确了促进教育公平、保护公民受教育权的理念。该法规定：“公民不分民族、种族、性别、职业、财产状况、宗教信仰等，依法享有平等的受教育机会。”这些都从实践上证明我国的教育公平是有诸多法律保障的。

---

① 鞠鹏．全面贯彻落实党的教育方针 努力把我国基础教育越办越好．人民日报，2016-09-10（1）．

② 中共中央文献研究室．十八大以来重要文献选编：上．北京：中央文献出版社，2014：70．

然而，教育公平的实现不是一蹴而就的，它是一个需要持续努力的过程，特别是在中国这样一个人口多、底子薄的国家。从新中国成立初期到“文化大革命”之前，尽管中国在教育公平方面有所推进，但很快便因“文化大革命”的到来而走上了曲折的道路。

（2）教育公平成为战略目标。

改革开放以后，随着国家经济社会发展水平和人民生活水平的提高，人民对教育的需要也日益增长，教育被提上了优先发展的战略地位。2003年9月，国务院首次召开全国农村教育工作会议，决定实施加快中西部农村的“两基”攻坚计划。2003年10月，党的十六届三中全会首次明确提出科学发展观的理念，教育公平得到了一定程度的重视。自2006年起，我国先后对西部农村全面实施免除学生学杂费、免费提供教科书等措施，采取招聘特岗教师等办法补充西部地区农村学校的师资。到2008年，我国城乡义务教育阶段一亿六千多万学生的学杂费全部得到免除，这是教育公平的又一项重大措施和成就。2010年出台的《国家中长期教育改革和发展规划纲要（2010—2020年）》，更明确地把“促进公平”作为教育改革和发展的方针，把教育公平作为社会公平的重要基础。该纲要还提出，教育公平的关键是机会公平，基本要求是保障公民依法享有受教育的权利，重点是促进义务教育均衡发展和扶持困难群体，根本措施是合理配置教育资源，向农村地区、边远贫困地区和民族地区倾斜，加快缩小教育差距。同时明确提出，教育公平的主要责任在政府，全社会要共同促进教育公平。近年来，教育公平优先的思路渐趋明朗。2011年，中央财政拨款100亿元推进全国中小学校舍安全工程，同年启动实施农村义务教育学生营养改善计划。2012年9月，教育部与四川、西藏、甘肃、青海等四省、自治区政府正式签署了义务教育均衡发展备忘录，构建起中央和地方政府协同推进的机制。

与此同时，对于弱势群体，政府建立了助学体系，覆盖了从学前教育到高等教育的所有人群，包括国家奖助学金、国家助学贷款、学费补偿贷款、勤工助学、学校奖助学金、困难补助、伙食补贴、学费减免等。学前教育阶段，政策要求幼儿园从事业收入中提取3%～5%的资金，用于减免收费、提供特殊困难补助等，具体比例由各地自行确定；同时，积极鼓励社会团体、企事业单位及个人等捐资，帮助家庭经济困难儿童、孤儿和残疾儿童接受普惠性学前教育。政策要求地方政府对经县级以上教育行政部门审批设立的普惠性幼儿园在园家庭经济困难儿童、孤儿和残疾儿童予以资助，中央财政根据地方出台的资助政策、经费投入及实施效果等因素，予以奖补。义务教育阶段，在免除学杂费的基础上，公共财政资助推动了营养改善以及住宿补贴。高中教育阶段，形成了以国家助学金、免学费、学校奖学金为主的助学体系。高等教育阶段，形成了以国家奖学金、国家助学金为主的助学体系。

2012 年我国的公共教育经费在 GDP 的占比达到了 4.28%，4%的目标终于实现，这代表教育的基本供给有了一个较好的基础，在此基础上，中国特色社会主义教育转入了高阶段的发展，教育公平正是这一时期的战略目标。党的十七大报告指出，教育是民族振兴的基石，教育公平是社会公平的基础，把教育公平放到了一个突出的位置。党的十八大报告又提出，要努力办好人民满意的教育，深化教育领域综合改革，大力促进教育公平。

(3) 教育公平成为战略重点。

知识流淌进心灵，就会迸发出强大的奋斗力量和发展动能。教育传递梦想，教育可以扶智，更可以扶志！教育是实现人的全面发展的依据，也是脱贫致富的根本良策。

2013 年，习近平主席在联合国“教育第一”全球倡议行动一周年纪念活动上发表的视频贺词中提出，要努力让 13 亿中国人民享有更好更公平的教育。随后，党的十八届三中全会通过了《中共中央关于全面深化改革若干重大问题的决定》，其中“深化教育领域综合改革”方面的战略部署就包括“大力促进公平”。这些都是党和政府高度重视教育公平的例证，并为推进教育领域的综合改革，努力办好人民满意的教育，积极推进中国特色社会主义教育发展指明了方向。

在新的时代，党和国家坚持把促进公平作为教育工作的战略重点。习近平总书记强调，再穷不能穷教育，再穷不能穷孩子。要努力让 13 亿人民享有更好、更公平的教育，努力让每个适龄儿童少年都能享受良好的教育，都有人生出彩的机会。要以改善农村教育为重点促进教育公平，推动教育资源向农村倾斜，向边远、贫困、民族地区、中西部地区倾斜，向薄弱学校倾斜，提高重点高校在中西部地区、农村地区和贫困地区的招生比例。要以保障每一个孩子都有学上为底线促进教育公平，积极推动进城务工人员子女平等接受教育，改善农村留守儿童接受义务教育状况，办好农村必要的教学点，统筹解决好一些地方农村学校“空心化”、县镇学校大班额问题，重视和加强特殊教育。要以抓好高校毕业生就业工作为基础促进教育公平。就业是民生之本，尤其要做好以高校毕业生为重点的青年就业工作，增强学生就业创业和职业转换能力，引导和鼓励他们到基层和中西部地区就业创业。

### 3. 教育公平迈上新台阶

党的十八大以来，公平正义越来越受到党和国家的关注。在新一届领导人宏伟的“中国梦”蓝图中，公平是重要的一环，展现着中国美好的未来。“实现中华民族伟大复兴，不是哪一个人、哪一部分人的梦想，而是全体中国人民共同的追求；中国梦的实现，不是成就哪一个人、哪一部分人，而是造福全体人民。”①

何为人民满意的教育？中国教育学会会长钟秉林认为，人民满意的教育是覆盖全民的公平教育，更是资源共享的优质教育。没有质量的公平没有任何意义，低质量的公平老百姓也不会满意。

回顾最近几年的政府工作报告，从2015年的“促进教育公平发展和质量提升”，到2016年的“发展更高质量更加公平的教育”，到2017年提出办好公平优质教育，“扩大优质教育资源覆盖面”，再2018年提出的“发展公平而有质量的教育”，始终贯穿着一条公平与质量相伴的主线。

办好“公平优质”的教育，就是要将规模与质量、公平与优质、过程与结果统筹考虑、有机统一。提高质量与促进公平从并驾齐驱到有机统

① 中共中央宣传部．习近平总书记系列重要讲话读本（2016年版）．北京：学习出版社，2016：9．

一，我国发展优质教育、建设世界教育强国的冲锋号号声嘹亮。

（1）向薄弱环节倾斜。

党中央、国务院用极大的决心和勇气推进教育公平，发展人民满意的教育，努力让寒门子弟享受到更多优质高等教育资源。

在教育经费有了基本保障以后，教育经费的投入结构也在逐步优化。教育行政部门已经明确经费使用的基本原则，即在“保运转、保工资、保安全”的基础上，重点加强薄弱环节和关键领域，努力做到四个倾斜：向农村地区、贫困地区、民族地区倾斜，向农村义务教育、职业教育和学前教育倾斜，向特殊困难学生倾斜，向建设高水平教师队伍倾斜。

习近平在全国职业教育工作会议上的讲话中提出，“要牢牢把握服务发展、促进就业的办学方向，深化体制机制改革，创新各层次各类型职业教育模式，坚持产教融合、校企合作，坚持工学结合、知行合一，引导社会各界特别是行业企业积极支持职业教育，努力建设中国特色职业教育体系。要加大对农村地区、民族地区、贫困地区职业教育支持力度，努力让每个人都有人生出彩的机会”。

2017 年，党的十九大报告提出“健全学生资助制度，使绝大多数城乡新增劳动力接受高中阶段教育、更多接受高等教育”。这一政策出台后一年内，全国 1.43 亿城乡义务教育学生获得免费教科书，1 377 万城乡家庭经济困难寄宿生获得生活费补助，约 1 400 万进城务工人员随迁子女实现“两免一补”和生均公用经费基准定额资金随学生流动可携带。

党的十八大以来，对学生的资助力度不断加大，金额不断提高：2012 年到 2017 年来累计资助学生 4.25 亿人次，年均增幅 2.05%；资助总金额累计近 7 000 亿元，年均增幅 10.66%；财政投入累计 4 780.61 亿元，年均增幅 7.69%；学校和社会投入累计达到 2 200 亿元，年均增幅 17.77%①。我国进一步加大对学生资助经费的投入力度，学生资助规模不断扩大，数以千万计的家庭经济困难学生在资助政策帮助下顺利完成学业。只要家庭经济困难，无论在哪个地方，在哪个学段，在哪

① 全国学生资助管理中心：五年资助学生累计近 4 亿人次 总金额近 7 000 亿元. 新华网，2017-09-06.

所学校，都能找得到组织，都能享受到相应的资助政策。家庭经济困难学生只要发奋学习，从幼儿园一直到博士毕业，全程都有政府的资助保驾护航。

中央财政投入不足，普惠性民办园数量不足、质量不高，城乡保教质量存在巨大鸿沟……“入园难、入园贵”曾长期困扰我国学前教育的发展。为破解这一难题，从2011年起，国务院连续推出3个“学前教育三年行动计划”，目标定位于“扩总量、健机制、调结构、提质量”。此后，中央财政投入专项资金1 000多亿元，支持中西部农村地区改扩建幼儿园，扶持普惠性民办园；到2020年，学前教育公共服务体系基本建成后，学前三年毛入园率将达到85%，普惠性幼儿园覆盖率将提高到80%。

在2018年全国教育工作会议上，陈宝生部长提出，对于教育扶贫这一重大任务，教育部将出台深度贫困地区教育脱贫攻坚实施方案，重点攻克“三区三州”贫困堡垒；实施“中西部高等教育振兴计划升级版”，推进中西部高校综合实力提升工程、中西部高校基础能力建设工程和对口支援西部高校计划，加强省部共建、部省合作，签订部省合建中西部14所高校协议；继续实施支援中西部地区招生协作计划、农村和贫困地区定向招生专项计划、职业教育东西协作行动计划；落实好各类内地民族班招生计划，开展教学质量监测评价，深入推进新疆、西藏和四川省藏区教育发展。

教育倾斜的政策也使职业教育实现了飞速发展。每年约有500万名农村学生通过接受职业教育实现城镇就业；2015年到2018年，高职教育使850万个家庭实现了拥有第一代大学生的梦想。职业教育让每个人都有了人生出彩的机会①。

“中国有2.6亿名在校学生和1 500万名教师，发展教育任务繁重。中国将坚定实施科教兴国战略，始终把教育摆在优先发展的战略位置，不断扩大投入，努力发展全民教育、终身教育，建设学习型社会，努力让每个孩子享有受教育的机会，努力让13亿人民享有更好更公平的教育，获得发

---

① 中国教育的时代选择：党的十八大以来教育改革发展成就述评·提高质量篇．中国教育报，2017-10-17.

展自身、奉献社会、造福人民的能力。”①

分区域来看2016年的教育统计数据，会发现中国东中西部教育存在较大差距，尤其是在非义务教育领域，普及程度和质量水平差距比较明显。从重点高校分布状况看，有14个省份（含新疆生产建设兵团）尚无部属院校，大多数是中西部地区；中西部高校“双一流”建设的竞争力还比较弱，高考录取率最低省份与全国平均水平存在4个百分点的差距。分城乡看，城乡教育一体化在办学条件和标准方面趋于一致，但教育质量差距依然存在。因此，要承认差距，努力缩小差距，克服“马太效应”。

（2）推动义务教育均衡发展。

2016年，我国小学净入学率达到99.92%，初中阶段毛入学率达到104.0%，义务教育普及程度超过高收入国家平均水平；高等教育毛入学率达到42.7%，超过中高收入国家平均水平。

国务院印发《关于统筹推进县域内城乡义务教育一体化改革发展的若干意见》，推动消除义务教育城乡二元壁垒。2016年，乡村教师补助中央奖补资金增至30亿元，比2015年增加30.4%，覆盖573个特困县，惠及100多万名乡村教师。到2016年年底，一共有1 824个县（市、区）通过县域义务教育均衡督导评估认定，继上海、北京等5省（市）后，广东、福建2省全部通过认定。

2016年，中央全面改薄专项补助资金增至338亿元，实现规划时间过半、任务完成过半。建立了生均公用经费基准定额、“两免一补”政策、中央与地方经费分担比例三统一的城乡义务教育经费保障机制，实现相关教育经费随学生流动可携带，这是农村义务教育经费保障机制改革后又一个重要里程碑。

（3）教育信息化促进“有质量”的教育公平。

翻开教育政策出台的大事记，我们可以看到，让弱势群体也能享受到优质教育资源始终是政府努力的方向。例如，不断完善进城务工人员随迁子女就学保障和扎实推进农村留守儿童关爱服务体系。到2017年，在公办

① 习近平主席在联合国“教育第一”全球倡议行动一周年纪念活动上发表视频贺词. 人民日报，2013-09-27（3）.

学校就读的随迁子女比例稳定在80%左右，30个省（区、市）实现了符合条件随迁子女在流入地参加高考。

在努力提升弱势群体获得感的同时，教育部门力图做大另一块“蛋糕”，即让教育信息化成为有效扩大优质教育资源覆盖面的“倍增器”。坚持不懈推进教育信息化，努力以信息化为手段扩大优质教育资源覆盖面。通过教育信息化，逐步缩小区域、城乡数字差距，大力促进教育公平，让亿万孩子同在蓝天下共享优质教育、通过知识改变命运①。例如，陕西省用了近10年时间来建立覆盖全省的远程教育网络，实现了“校校通”。“数字课堂”使优质教育资源进入中小学校，使身在大山深处的师生切身感受到了“校校实现现代化，坐在教室通天下”的奇妙变化，陕西省农村学校也进入了信息化多媒体教学时代。农村学校现代远程教育工程的实施，不仅使这个经济发展相对滞后的西部省份的农村教育悄然变化，使偏远山村学校课堂从此有了现代教育的气息，也对改善全省基础教育办学条件，推进义务教育均衡发展，提升全省基础教育整体水平发挥了重要作用。

进入21世纪以来，远程教育在基础教育领域得到了大力推进，特别是2000年教育部开始实施的中小学“校校通”工程、2002年国务院提出实施的农村中小学现代远程教育工程，彻底改变了中小学特别是农村学校对现代信息技术用不到、用不了、用不好的局面。越来越多农村学校的教育质量得到提高的实践证明：建立在现代信息技术基础上的远程教育，跨越了山水阻隔，打破了贫富界限，缩小了城乡差距，是分享先进教育经验、丰富最新教学内容、提高教师素质的最好途径，是快速、大范围提高农村教育质量的最有效渠道。

党的十八大以来，国家加快推进以“三通两平台”为核心的教育信息化建设，顺利完成了“教学点数字教育资源全覆盖”项目。到2017年年底，全国中小学互联网接入率从25%上升到94%，多媒体教室比例从不到40%增加到80%，中国教育卫星宽带传输网直接服务近1亿农村中小学师生，全国6.4万个教学点实现数字教育资源全覆盖。

---

① 习近平致信祝贺国际教育信息化大会开幕．人民日报，2015-05-24（1）．

## 五、坚持提高教育质量

追求教育的高质量，是人民对“好”的教育的期盼，也是中华民族复兴、国家发展战略的必然要求。教育质量是指“教育水平的高低和教育效果的优劣程度，最终体现在培养对象的质量上面”。因此，教育质量是以培养对象为衡量教育实践质量的基点，从各个方面对质量进行考察，包括教育环境建设、学校氛围、教学保障等方面。

### 1. 营造良好的外部环境

教育作为一种培养人的社会实践和社会生产，其最终的质量要取决于所培养出来的人才。一个国家的兴盛取决于一个国家的人才，而人才则取决于教育。教育兴则国家兴，教育强则国家强。这是被近代以来各国的发展所证明了的经验。

改革开放以来，提高教育质量始终是党和国家领导心中的期冀。他们反复强调教育质量的重要性，为提高教育质量鼓与呼，在党的重要会议上经常把提高教育质量作为关注点。

随着市场经济的发展、实现四个现代化等国策的确定，中国急需各方面的建设人才，只有高质量的教育才能产出高质量的人才。要解决中国教育发展的大问题，首先就是要认清问题所在。1985 年颁布的《中共中央关于教育体制改革的决定》做了深入分析并指出：“现在的主要问题是：（一）在教育事业管理权限的划分上，政府有关部门对学校主要是对高等学校统得过死，使学校缺乏应有的活力；而政府应该加以管理的事情，又没有很好地管起来。（二）在教育结构上，基础教育薄弱，学校数量不足、质量不高、合格的师资和必要的设备严重缺乏，经济建设大量急需的职业和技术教育没有得到应有的发展，高等教育内部的科系、层次比例失调。（三）在教育思想、教育内容、教育方法上，从小培养学生独立生活和思考的能力很不够，发扬立志为祖国富强而献身的精神很不够，生动活泼地用马克思主义思想教育学生很不够，不少课程内容陈旧，教学方法死板，实践环节不被重视，专业设置过于狭窄，不同程度地脱离了经济和社会发展的需要，落后于当代科学文化的发展。”在分析了现存的问题及原因之后，文件做出了一些方向性指示。比如，“教育管理部门还要组织教育界、知识界和用人部门定期对高等学校的办学水平进行评估，对成绩卓著的学校给予荣誉和物质上的重点支持，办得不好的学校要整顿以至停办”。再如，“为了增强科学研究的能力，培养高质量的专门人才，要改进和完善研究生培养制度，并且根据同行评议、择优扶植的原则，有计划地建设一批重点学科”。并鼓励开展教学改革试验，“在高等教育体制改革的同时，按照理论联系实际的原则，在辩证唯物主义和历史唯物主义的思想指导下，改革教学内容、教学方法、教学制度，提高教学质量，是一项十分重要而迫切的任务。要针对现存的弊端，积极进行教学改革的各种试验”。

教师的教学水平是提高教育质量的关键，为提高教师的教学和学术水平，要求“有条件的学校，教学任务较重的副教授以上的教师今后每 5 年中应有 1 年时间供他们专门用来进修、从事科学研究和进行学术交流。要尽可能改善教学的物质条件，增添现代化的教学手段，更新和充实试验室、图书馆”。

1993 年 2 月，中共中央、国务院印发《中国教育改革和发展纲要》，除在行文中多次提及教育质量外，其第四部分的标题就是“全面贯彻教育方针，全面提高教育质量”，提出要“建立各级各类教育的质量标准和评估指标体系”，要求“各地教育部门要把检查评估学校教育质量作为一项经常性的任务”。“高等学校教材要在积极扩大种类的同时，不断提高质量，加强理论与实际的联系，力求思想性与科学性统一”。

2001 年，《全国教育事业第十个五年计划》提出建设高质量、高水平的教育，努力将沉重的人口负担转化为巨大的人力资源优势。

2010 年，胡锦涛在全国教育工作大会讲话中提出：要把提高质量作为教育改革和发展的核心任务，摆在各级各类教育更加突出的位置，树立以提高质量为核心的教育发展观，坚持规模和质量的统一，注重教育内涵发展。要把促进人的全面发展、适应社会需要作为衡量教育质量的根本标准，努力协调好教育发展和人的全面发展、教育发展和社会发展的关系，鼓励学校办出特色、办出水平和出名师、育英才。要把教育资源配置和学校工作重点集中到强化教学环节、提高教育质量上来，建立以提高教育质量为导向的管理制度和工作机制，制定教育质量国家标准，建立健全教育质量保障体系。要深入研究经济社会发展和用人单位对人才结构培养质量需求变化情况，加强教育质量评估和监管。

提高质量是中国特色社会主义教育改革发展的核心任务，是中国实现由教育大国迈向教育强国，由人力资源大国迈向人力资源强国的关键。一方面，中国已经建成了世界上最大规模的教育体系，与世界教育先进水平的差距主要集中在教育质量方面；另一方面，人民群众对更加优质的教育的期盼，使提高教育质量成为我国教育领域综合改革和创新的战略重点和需要解决的突破点之一。

习近平强调，要树立以提高质量为核心的教育发展观。要加大投资于人的力度，全面加强教育事业，深化教育综合改革，提升教育质量，加快推进中西部教育发展，高度重视对农民工、职业农民、退役军人等的培训，及时对下岗失业人员进行技能再培训，使劳动者更好适应变化了的市场环境。

2013 年 10 月，习近平总书记在欧美同学会成立一百周年庆祝大会上指出，“人才是衡量一个国家综合国力的重要指标。没有一支宏大的高素质人才队伍，全面建成小康社会的奋斗目标和中华民族伟大复兴的中国梦就难以顺利实现”，“谁能培养和吸引更多优秀人才，谁就能在竞争中占据优势”。提高教育质量成为人才强国的必然要求，没有教育质量的提高，高素质人才队伍建设就成为无源之水、无本之木。换言之，只有向教育要质量，才能优化劳动力结构，厚植创新驱动根基，如期打赢全面深化改革的攻坚战；只有实现更高质量的教育，才能培育更多管用实用的高技能人才、创新型人才、高精尖人才，抢占人才竞争制高点，赢得主动、赢得优势、赢得未来。

### 2. 引导学校教育氛围

学校氛围是学校生活质量和特点的体现，是人们对学校生活的体验，反映了学校的规范、目标、价值观、人际关系、教学和学习实践以及组织结构。改革开放以来，我国对学校教育功能的认识更加全面，为了改变片面追求升学率的现象，克服“应试教育”的弊端，准确提出了“衡量任何学校工作的根本标准不是经济收益的多少，而是培养人才的数量和质量”。

1994 年 6 月，改革开放以来的第二次全国教育工作会议提出，基础教育必须从“‘应试教育’转到素质教育的轨道上来，全面贯彻教育方针，全面提高教育质量”。1998 年 2 月，国家教委提出《关于推进素质教育调整中小学教育教学内容、加强教学过程管理的意见》。此外我们还可以看到，国家还在更加具体的领域出台了一系列政策以保障、促进教育质量的切实提高。比如，2005 年出台了《教育部关于实施研究生教育创新计划加强研究生创新能力培养进一步提高培养质量的若干意见》，2006 年出台了《教育部办公厅关于进一步提高质量全面实施大学英语教学改革的通知》《教育部关于全面提高高等职业教育教学质量的若干意见》，2007 年出台了《教育部、财政部关于实施高等学校本科教学教学质量与教学改革工程的意见》《教育部关于进一步深化本科教学改革全面提高教学质量的若干意见》《教育部、财政部关于印发〈高等学校本科教学质量与教学改革工程项目管理暂行办法〉的通知》，2009 年出台了《教育部卫生部关于加强医学教育工作提高医学教育质量的若干意见》，2011 年出台了《教育部、财政部关于“十二五”期间实施“高等学校本科教学质量与教学改革工程”的意见》，2012 年出台了《教育部、交通运输部关于进一步提高航海教育质量的若干意见》《教育部关于全面提高高等教育质量的若干意见》，2013 年出台了《教育部关于推进中小学教育质量综合评价改革的意见》，2014 年出台了《国务院学位委员会 教育部关于加强学位与研究生教育质量保证和监督体系建设的意见》，2015 年出台了《教育部关于深化职业教育教学改革全面提高人才培养质量的若干意见》，等等。

党的十八大以来，中国在科学的质量观指导下，坚持规模和质量的统一，注重教育内涵发展，把促进人的全面发展、适应社会需要作为衡量教育质量的根本标准，切实把教育资源配置和学校工作重点集中到强化教学环节、提高教育质量上来。党的十八大以来，中国教育由大向强，聚焦内涵、提升质量已成为各级各类教育的核心发力点。

在基础教育领域，深化基础教育人才培养模式改革，努力培养学生的创新精神和实践能力。为了扭转单纯以学生学业考试成绩和学校升学率评价中小学教育质量的倾向，2013年6月，教育部印发了《关于推进中小学教育质量综合评价改革的意见》，并配套发布了《中小学教育质量综合评价指标框架（试行）》。这项被称为“绿色指标”的中小学教育质量评价体系，通过品德发展水平、学业发展水平、身心发展水平、兴趣特长养成、学业负担状况5个方面20个关键性指标来考查学生的发展状况。

在职业教育领域，大力发展现代职业教育，支撑“中国制造”走向“中国智造”。

在高等教育领域，深化高校创新创业教育改革，培养了一大批创新能力和实践能力强、适应经济社会发展需要的人才。推进条件具备的普通本科高校向应用型高校转变，提升服务区域经济社会发展的能力。高校在创新驱动发展战略中发挥着越来越重要的作用，在载人航天、量子通讯、超级计算机等领域产出一批具有国际影响力的标志性成果。统筹推进世界一流大学和一流学科建设，我国高校在世界多项大学排名中位次整体大幅度前移，部分学科已经达到或接近世界一流水平。2016年，我国成为本科工程教育国际互认协议的正式成员，标志着我国的工程教育质量得到国际认可。到2017年8月，与我国签订学历学位互认的国家和地区已有47个。

“质量为王、标准先行。”高等教育的内涵式发展，关键是要抓牢提高质量这个“纲”。教育标准建设是提高教育质量的基础工程。2018年年初，教育部发布了《普通高等学校本科专业类教学质量国家标准》，这是向全国发布的第一个高等教育教学质量国家标准，与全世界重视人才培养质量的发展潮流相一致，对建设中国特色、世界水平的高等教育质量标准体系具有重要的意义。

伴随我国经济发展的新形势，注重“有质量”的内涵式发展成为经济社会发展的必然要求。对拥有世界上最大规模教育体系的中国而言，要从教育大国走向教育强国，就必须注重教育与经济社会的协调发展，把关注点放到提高教育质量上来，突出质量内涵，增强质量意识，推进教育向内涵发展转变，着力提供更加丰富的优质教育，为全面建成小康社会和实现中华民族伟大复兴的中国梦奠定坚实基础。

### 3. 切实保障教育质量的提高

提高教育质量是创新知识的先决条件，也是满足我国人民群众接受优质教育的基本保障。改革开放以来，党和国家通过不懈努力，坚持教育优先发展，不断进行教育改革与创新，边普及、边提高，不仅要让人民“有学上”，还要持续追求让人民“上好学”，坚持把提高教育质量作为教育发展的重要内容。“推进教育改革，提高教育质量，培养更多、更高素质的人才，同时为各类人才发挥作用、施展才华提供更加广阔的天地。”2013年10月，在会见清华大学经济管理学院顾问委员会海外委员时，习近平总书记有力地表达了对教育的期许。

（1）政策为教育质量保驾护航。

1978年4月22日，邓小平在全国教育工作会议上提出，要赶超世界先进的科技水平，需要提高高等教育和中小学教育的质量。1979年5月9日，国务院批转的国家科委、教育部、农业部《关于高等学校科学研究工作会议的报告》提出：“坚持质量第一的方针。”1985年颁布的《中共中央关于教育体制改革的决定》在地方和群众办学方面做出了新的规定，从而提高了教育资源配置的效率，促进了教育质量的快速提升。1993年印发的《中国教育改革和发展纲要》指出：“努力使教育质量在90年代上一个新台阶。”之后，我国开始实施“211工程”。1995年《中华人民共和国教育法》对教育质量做出了进一步的要求，提出通过鼓励和支持教育研究并推广其成果来促进教育质量的提高。1999年，国务院批转了《面向21世纪教育振兴行动计划》，重点支持北大清华等部分高等学校创建世界一流大学和高水平大学，“985工程”开始实施。进入21世纪后，2007年5月颁布的《国家教育事业发展“十一五”规划纲要》重申了“着力提高高等教育质量，努力增强高校创新与服务能力”，在人才培养质量方面提出，“着力培养学生的创新精神和创新思维，增强学生的实践能力、创造能力和就业能力、创业能力。”2010年《国家中长期教育改革和发展规划纲要

(2010—2020年)》提出,“把提高质量作为教育改革发展的核心任务”,要求树立“科学的质量观”和“以提高质量为核心的教育发展观”,指出教育管理体制机制、教育资源配置及学校工作重点都应以提高教育质量为导向,同时要求制定教育质量的国家标准。2012年3月15日教育部、财政部联合颁布了《关于实施高等学校创新能力提升计划的意见》。紧接着又颁布了《教育部关于全面提高高等教育质量的若干意见》。一系列政策的颁布,将我国教育质量的提升推向新的高潮。

(2)优化结构,提质增效。

“新四化”(新型工业化、信息化、城镇化、农业现代化)和“五位一体”社会主义现代化建设总体布局,经济结构调整和产业结构升级,都要求进一步调整我国教育事业发展结构。2017年1月,国务院印发《国家教育事业发展“十三五”规划》,以全面提高教育质量为主题,以教育的结构性改革为主线,提出了优化教育资源配置结构、优化教育体系结构、优化人才培养结构的要求。我国各级各类教育纷纷将“调结构”作为改革主线,出台了各自的改革目标和行动计划——学前教育着重在普惠园、民办园上下功夫,向中西部、农村倾斜;义务教育调整学校布局,统筹城乡教育资源配置;加快现代职业教育体系建设,培养高素质劳动者和技能型人才;创新高校人才培养机制,支持具备条件的普通本科高校向应用型转变,促进高校办出特色,争创一流。

教育结构性改革,一方面要从教育供给侧改革发力,加大投入、扩大优质教育资源;另一方面要科学配置资源,扩大优质资源受益面,让更多学生共享教育改革发展成果。

上百名学生挤在一起听课,教师拿着麦克风上课,这样的场景过去在农村学校经常出现。随着我国城镇化进程的加快,义务教育城镇强、乡村弱,城乡教育质量差距不断扩大。为弥合这一差距,2016年,《关于统筹推进县域内城乡义务教育一体化改革发展的若干意见》应运而生。该意见要求各级政府以缩小校际差距为立足点,统筹城乡义务教育资源配置,义务教育公办学校标准化建设、校长教师交流轮岗等十大举措随之出台。

高等教育发展水平是一个国家发展水平和发展潜力的重要标志。自

2001 年以来，特别是召开第二次全国普通高等学校本科教学工作会议以来，各高等学校紧紧抓住质量这一高等教育的生命线，不断加大教学投入、强化教学管理、深化教学改革，使高等学校人才培养工作取得明显成效。“十一五”时期教育事业以普及、发展、提高为三大任务，推进高等教育事业全面协调可持续发展。然而，近年来我国高等教育存在着“千校一面、身份固化、重复交叉、发展活力和动力不足”的问题，优化高等教育布局与结构迫在眉睫。2015 年，《统筹推进世界一流大学和一流学科建设总体方案》《关于引导部分地方普通本科高校向应用型转变的指导意见》两个重要文件的出台，为高校转型发展拨开了迷雾。破身份、撕标签，中国 2 800 多所高校重新洗牌，焕发出了新的生机和活力。老牌名校瞄准世界一流，向“高精尖”迈进；地方高校则积极向应用型转型，对接地方需求，选拔和培育优势特色学科，服务地方经济社会转型发展。

职业教育要服务国家和区域经济社会发展需求与产业结构调整升级，就需要进行自身的结构性调整。产业进步了，站在生产服务一线的人也需要有智慧、有知识。然而，高素质技能人才短缺，“就业难”与“技工荒”问题突出，矛头直指职业教育供给侧改革。2014 年，国务院印发的《关于加快发展现代职业教育的决定》开出了药方：以“中国特色、世界水平”的现代职业教育体系为目标，人才培养紧密对接经济社会发展需求和产业结构调整升级；中高职有机衔接、普职渗透，打破职教“天花板”；校企合作、产教融合，提高职业教育的质量。

如何通过调整结构来提质增效？党的十八大之后的五年，党中央、国务院着重抓住人力、财力两个方面，一方面从投入上保障各级各类教育调整结构，另一方面抓住教师队伍建设这个“牛鼻子”，确保改革构想落到实处。

（3）加强教师队伍建设。

党的十八大以来，我们始终把教师队伍建设作为最重要的基础性工程，努力造就一支能够肩负建设教育强国历史重任的高素质、专业化教师队伍。坚持师德为先，建立健全大中小学师德体系，引导广大教师以德立身、以德立学、以德施教，争做“四有好老师”，做好学生“四个引路人”。出台《乡村教师支持计划（2015—2020 年）》，第一次从国家层面就支持乡村教师队伍建设制定专门政策，努力造就一支素质优良、甘于奉献、扎根乡村的教师队伍。建立乡村教师荣誉制度，为在乡村学校从教 30 年的教师颁发荣誉证书。在中小学设置正高级职称，极大地调动了教师长期从教、终身从教的积极性。

2018 年 1 月 20 日，中共中央、国务院印发《关于全面深化新时代教师队伍建设改革的意见》，对新时代教师队伍建设做出顶层设计。这是新中国成立以来党中央出台的第一个专门面向教师队伍建设的里程碑式的政策文件，是以习近平同志为核心的党中央高瞻远瞩、审时度势、立足新时代做出的重大战略决策，将教育和教师工作提到了前所未有的政治高度。

教育部部长陈宝生指出：“一定要认识到，教育质量是尊敬出来的，不是谁抓出来的，就是说成才自尊师始，你想成才就从尊敬老师开始，你想国安就从重视教育起步。”

习近平指出，要制定激励政策，吸引更多优秀人才投身民族地区教育事业。最美乡村教师的事迹很感人，但感动之余，各级党委和政府都要为他们做点实事。教师的工作生活条件要有基本保障。对扎根边疆、扎根乡村的教师，要给予更多关爱和培养。国家教育经费要注意向民族地区、边疆地区倾斜。这是个大账、长远账，要想明白、算清楚①。

（4）政府推动。

2018 年，李克强总理在政府工作报告中指出，要发展公平而有质量的教育。要推动城乡义务教育一体化发展，教育投入继续向困难地区和薄弱环节倾斜。要切实降低农村学生辍学率，抓紧消除城镇“大班额”，着力解决中小学生课外负担重的问题。儿童是民族的未来、家庭的希望，要多渠道增加学前教育资源供给，运用互联网等信息化手段，加强对儿童托育全过程监管，一定要让家长放心安心。要支持社会力量举办职业教育。要推进普及高中阶段教育。要以经济社会发展需要为导向，优化高等教育结

① 习近平．在中央民族工作会议上的讲话．人民网，2014-09-28.

构，加快“双一流”建设，支持中西部建设有特色、高水平大学。要继续实施农村和贫困地区专项招生计划。要发展民族教育、特殊教育、继续教育和网络教育。要加强师资队伍和师德师风建设。要办好人民满意的教育，让每个人都有平等机会通过教育改变自身命运、成就人生梦想。

全面提高教育质量的同时要呼唤推进素质教育。不少地区的中小学以创新教育教学方法为抓手，推行分层教学、走班制、学分制、选课制，开展自主、合作、探究式的学习方式，为每个学生提供更丰富的选择和满足其个性成长的发展空间。比如，北京启动实施高中、高校联合培养拔尖人才的“翱翔计划”，让学有余力的优秀高中生走进高校、科研院所的实验室，在科学家身边成长。

在高校，基础学科拔尖学生培养试验计划、卓越系列人才培养计划、科教结合协同育人行动计划等一系列计划取得积极进展。一大批应用型人才、复合型人才和拔尖创新人才如雨后春笋般涌现，中国高校正在向建设“双一流”迈出坚实步伐。

## 六、坚持党对教育改革发展的领导

### 1. 始终把加强党的领导作为根本保证

（1）党建工作是根本保证。

“办好中国的事情，关键在党”。中国的教育是党领导下的教育，是中国特色社会主义教育。要办好中国特色、世界水平的现代教育，党的领导是最根本的保证。对这个事关教育改革全局的问题，改革开放以来党和国家领导人始终予以高度重视。习近平总书记更是旗帜鲜明地做出了回答，为加强和改进教育系统党的建设，牢牢掌握党对教育的领导权，使学校成为坚持党的领导的坚强阵地指明了方向。

办好中国特色社会主义教育事业关键在党，必须牢牢掌握党对教育工作的领导权，坚持正确的政治方向，掌握教育领域意识形态工作的主导权，着力加强教育系统党的思想建设、组织建设、作风建设、反腐倡廉建设、制度建设，增强政治意识、大局意识、核心意识、看齐意识，强化教育系统基层党组织的创造力、凝聚力、战斗力，为教育改革和发展提供坚强的政治保证和组织保障。

改革开放以来，我国教育事业的发展历程充分证明，只有坚定不移地加强党对教育事业的领导，才能坚持正确的政治方向，保证党的教育方针、政策得以全面贯彻执行，确保中国社会主义教育始终沿着社会主义道路繁荣发展；只有坚定不移加强党对教育事业的领导，才能把握改革的正确方向，真正落实教育优先发展的战略，真正发挥教育在中国特色社会主义建设中的作用。

实践证明，必须始终把加强党的领导作为根本保证，坚持社会主义办学方向，扎根中国大地办教育。

(2) 全面从严治党是关键。

随着党的十八届六中全会胜利闭幕，全面从严治党成为时代最强音，成为全党、全军、全国各族人民乃至全世界关注的焦点。中国从教育大国走向教育强国，是中国共产党坚持马克思主义理论和实际相结合的科学原理而走出来的“中国道路”。

过去，中国共产党紧紧依靠人民，取得了一次又一次的胜利，为中华民族做出了伟大的历史贡献。党的十八大以后，全国教育系统紧密团结在以习近平同志为核心的党中央周围，坚定不移贯彻党的教育方针，全面加强党的建设，牢牢把握政治方向。现在，在实现“两个一百年”奋斗目标和中华民族伟大复兴中国梦的关键时刻，坚持和完善党的领导，更是党和国家的根本所在、命脉所在，全国各族人民的利益所在、幸福所在。

党的政治建设是党的根本性建设，决定党的建设方向和建设效果。保证全党服从中央，坚持党中央权威和集中统一领导，是党的建设的首要任务。党的基层组织是确保党的路线方针政策和决策部署贯彻落实的基础，坚持狠抓基层党建，把每一个基层党组织都建设成战斗的堡垒；多措并举推进党风廉政建设和反腐败工作，持之以恒树立党内气正风清的精神；重视意识形态领域工作。党的十八大以来，中央纪委驻教育部纪检组认真贯彻落实党中央全面从严治党的决策部署，在中央纪委的直接领导下，在教育部党组的大力支持下，持续深化“三转”，聚焦主责主业，强化监督执纪问责，积极践行“四种形态”，推动教育领域党风廉政建设和反腐败斗争不断取得新的进展。

第一，加强责任落实。习近平总书记强调：“从严治党，必须增强管党治党意识、落实管党治党责任。”“不明确责任，不落实责任，不追究责任，从严治党是做不到的”。教育肩负着为中国特色社会主义伟大事业提供人才保障和智力支持的神圣使命。落实全面从严治党要求，必须始终坚持党的领导和社会主义办学方向，把立德树人的目标任务融入直属机关党建工作中，坚持以上率下，带系统、促基层，形成一级抓一级、层层抓落实的党建工作责任体系。

第二，加强思想教育。习近平总书记强调，“理想信念就是共产党人精神上的‘钙’，没有理想信念，理想信念不坚定，精神上就会‘缺钙’，就会得‘软骨病’”。教育部党组高度重视直属机关党员干部的理想信念教育，组织党员干部重点学习习近平总书记在五四青年节、六一儿童节和教师节等节日发表的关于教育工作的重要讲话精神，坚定党员干部对中国特色社会主义的“三个自信”，增强党员实现中华民族伟大复兴中国梦、践行社会主义核心价值观的思想自觉。通过积极举办报告会、主题征文、专题研讨、系列讲座等活动，深入开展中华优秀传统文化、社会主义核心价值观和中国梦的教育。每年组织机关干部到井冈山、延安、西柏坡等党性与国情教育基地开展现场学习教育，不断强化党性修养。

第三，加强贯彻落实。在教育系统，深刻理解《关于新形势下党内政治生活的若干准则》和《中国共产党党内监督条例》的主要内容和精神实质，切实把广大师生干部的思想和行动统一到党的十八届六中全会的精神上来，严明政治纪律和政治规矩，推动全面从严治党向基层延伸。教育部与中组部联合印发《关于加强中小学校党的建设工作的意见》，这是中央层面首个对中小学校党建工作做出专门部署的文件。为加强和改进新形势下的高校思想政治工作，习近平总书记在召开的全国高校思想政治工作会议上发表了重要讲话。这次会议是一次具有里程碑意义的重要会议，会议提出要坚持把立德树人作为中心环节，把思想政治工作贯穿教育教学全过程，实现全程育人、全方位育人，努力开创我国高等教育事业发展新局面。

### 2. 坚持正确的办学方向

(1) 坚持办学的社会主义方向。

无论是搞革命、搞建设，还是搞改革，道路问题都是最根本的问题。2012年11月29日习近平在参观《复兴之路》展览时强调："回首过去，全党同志必须牢记，落后就要挨打，发展才能自强。审视现在，全党同志必须牢记，道路决定命运，找到一条正确的道路多么不容易，我们必须坚定不移走下去。展望未来，全党同志必须牢记，要把蓝图变为现实，还有很长的路要走，需要我们付出长期艰苦的努力。"

坚持办学的正确政治方向，就是要牢牢把握社会主义办学方向不动摇。办什么样的大学、怎样办好大学，培养什么样的人、如何培养人以及为谁培养人，事关党和国家的前途命运。我们的高校是党领导下的高校，是中国特色社会主义高校。"党政军民学，东西南北中，党是领导一切的"，这一要求必须实实在在地落实到办学的全过程。历史一再证明，扎根中国大地办大学，必须坚持社会主义办学方向，全面贯彻党的教育方针，坚持党对高校的领导。

(2) 坚持在马克思主义指导下办学。

坚持办学的正确政治方向，就是要一以贯之地坚持马克思主义的指导地位。伟大事业需要科学理论来指引。习近平总书记强调，办好我们的高校，必须坚持以马克思主义为指导，抓好马克思主义理论教育，深化学生对马克思主义历史必然性和科学真理性、理论意义和现实意义的认识，教育他们学会运用马克思主义立场观点方法观察世界、分析世界，真正搞懂面临的时代课题，深刻把握世界发展走向，认清中国和世界发展大势，让学生深刻感悟马克思主义真理的力量，为学生成长成才打下科学的思想基础。习近平新时代中国特色社会主义思想，是马克思主义中国化的最新成果，引导学生真学、真信、真懂、真用马克思主义，要全面推动习近平新时代中国特色社会主义思想进教材、进课堂、进头脑，使之成为推动高等教育发展的强大思想武器和行动指南。

（3）树立办好中国特色教育的自信。

坚持办学的正确政治方向，就是要全面落实立德树人根本任务。“才者，德之资也；德者，才之帅也。”人无德不立，育人的根本在于立德，实现全员育人、全程育人、全方位育人。要把立德树人作为中心环节，把思想政治工作贯穿教育教学全过程，坚持不懈培育和弘扬社会主义核心价值观，引导广大师生做社会主义核心价值观的坚定信仰者、积极传播者、模范践行者。

坚持办学的正确政治方向，就是要坚定办好中国特色世界一流大学的自信。随着中国特色社会主义进入新时代，我们比历史上任何时期都更接近中华民族伟大复兴的目标，我们对优质高等教育的需要比以往任何时候都更加迫切，对科学知识和人才的渴求比以往任何时候都更加强烈。加快建设世界一流大学和一流学科，实现高等教育内涵式发展，首先要树立高度的教育自信，把中国特色社会主义道路自信、理论自信、制度自信、文化自信转化为办好中国特色世界一流大学的自信。要自觉把中国特色社会主义理论体系贯穿教书育人全过程，努力占领真理制高点和道义制高点，担负起历史赋予的光荣使命，在培养社会主义建设者和接班人上有作为、有成效，让我们的大学在世界上有地位、有话语权。

“天下将兴，其积必有源。”我们比历史上任何时期都更接近中华民族伟大复兴的目标。从苦难到辉煌，从贫弱走向复兴，一代又一代中国共产党人把民族复兴推进到今天这样的境界，我们这一代中国共产党人的历史责任，就是要坚持不懈全面从严治党，通过持之以恒的努力，使党始终成为中国特色社会主义事业的坚强领导核心，为实现中华民族伟大复兴的中国梦提供最坚强的政治保证。因为，一个总能把目标转化为行动的政党，是蓬勃而青春的；一个总能把理想变成现实的政党，是不可战胜的！

### 3. 形成系统科学完整的教育思想体系

（1）习近平总书记关于教育的重要论述是中国特色社会主义教育理论发展的最新成果。

马克思主义与本国国情相结合、与时代发展同进步、与人民群众共命运，就能焕发出强大的生命力、创造力、感召力。习近平总书记是党中央的核心和全党的核心，是全面深化改革的顶层设计师和直接指挥者。习近平新时代中国特色社会主义思想是我们党带领人民开创中国特色社会主义事业的重要里程碑，标志着马克思主义与中国实际相结合的历史性飞跃。

党的十八大以来，习近平总书记从“两个一百年”奋斗目标和实现中华民族伟大复兴中国梦的战略全局出发，就教育工作做出了一系列重要论述，丰富、完善和发展了中国特色社会主义教育理论，为教育综合改革指明了前进方向。同时，这些论述也深刻阐明了新时期我国教育改革发展的重大理论和实践问题。习近平总书记关于教育的重要论述是中国特色社会主义教育理论发展的最新成果，标志着我们党对教育规律的认识达到了新高度，丰富发展了中国特色社会主义教育理论，是推进教育事业改革发展的强大思想武器。

2018 年 5 月 2 日，习近平总书记考察了北京大学，出席了师生座谈会并发表重要讲话，明确提出教育、教师、青年的使命和责任，在北京大学的讲话中，总书记教诲青年，要爱国、励志、求真、力行，努力做追梦者和圆梦者，为青年成长成才指明了前进方向。同时指出，要牢牢抓住培养社会主义建设者和接班人这个根本，坚持办学正确方向，建设高素质教师队伍，形成高水平人才培养体系，办好中国特色世界一流大学，为深化教育综合改革、办好社会主义大学提供了根本遵循。总书记的重要讲话集中体现了总书记对社会主义办学规律、教书育人规律、学生成长规律的科学把握，是习近平新时代中国特色社会主义思想的重要内容。

(2) 习近平总书记关于教育的重要论述体现了中国特色社会主义教育的理论自信。

理论自信是对中国特色社会主义理论体系的自信，而习近平治国理政新理念新思想新战略是中国特色社会主义理论体系的最新成果。习近平总书记关于教育的重要论述是习近平治国理政新思想的重要组成部分。中国特色社会主义道路、中国特色社会主义理论体系、中国特色社会主义制度，是经过全党全国各族人民长期奋斗取得的，也是经过长期实践检验的科学的东西。所以，我们说的道路自信、理论自信、制度自信，来源于实践、来源于人民、来源于真理[①]。习近平总书记关于教育的重要论述既是教育成功实践的经验总结，也是指引教育事业发展的必然要求。一方面，中国教育改革发展的辉煌成就给了我们理论自信的充足底气，正如习近平总书记在庆祝中国共产党成立95周年大会上所讲的：“当今世界，要说哪个政党、哪个国家、哪个民族能够自信的话，那中国共产党、中华人民共和国、中华民族是最有理由自信的。”另一方面，强调理论自信，也与我们当前面临的复杂的国内外形势，特别是意识形态领域的斗争有关。当前，西方各种社会思潮加紧对我国进行渗透，与马克思主义主流意识形态的交锋日益激烈。强调理论自信，就是要告诉我们“不畏浮云遮望眼”，不为各种扭曲思潮和歪理邪说所俘获，始终高举中国特色社会主义理论旗帜，走好中国特色社会主义道路，朝着“两个一百年”奋斗目标和中华民族伟大复兴的中国梦奋勇前进。

（3）习近平总书记关于教育的重要论述提出了教育新期待。

中国特色社会主义进入新时代，这是我国发展新的历史方位。习近平举旗定向、审时度势，深刻洞察到中国特色社会主义进入新时代对教育事业提出的新期待，他关于教育的重要论述清晰指明我国社会主要矛盾的历史性变化对教师工作提出的新要求，明确指出加强高素质教师队伍建设是教育事业发展的基础工作，是解决好教育发展不平衡不充分问题的重要抓手，是努力办好人民满意教育的根本途径。他系统阐述了好教师应该具备有理想信念、有道德情操、有扎实学识、有仁爱之心的“四有”标准，为教师队伍建设发展指明了前进方向。新时代教师要科学把握时代发展的历史方位，清醒认识中国特色社会主义教育事业的政治站位，着力找准事业发展的职责定位，牢固树立“四个意识”，自觉增强“四个自信”，成为贯彻落实党的十九大精神的排头兵、职业化专业化建设的推动者和提高工作科学化水平的先行军，为深化教育改革、夯实教育强国之基做出更大贡献。

中国拥有全球最大的教育体系，其发展不仅关乎13亿多人的美好生

① 习近平主持中共中央政治局第七次集体学习. 新华网，2013-06-25.

活，还关乎中华民族的复兴之梦，亦关乎世界文明的浩荡进程。

千年潮未落，风起再扬帆。在以习近平同志为核心的党中央坚强领导下，中国教育必将回应人民群众对更好、更公平、更优质的教育的期盼，必将更加符合教育规律、更加符合人才成长规律，必将为实现“两个一百年”奋斗目标、实现中华民族伟大复兴的中国梦奠定坚实基础。

# 第四章　中国教育发展面临的挑战与问题

## 一、中国教育发展面临的挑战

科学技术的发展推动了经济的全球化，同时也影响到教育的国际化和文化的国际化。在全球化背景下，不同国家和地区间教育的交流与合作日益频繁，国际化人才流动加快，各国也都在致力于培养具有国际视野的现代化人才。进入 21 世纪以来，我国教育事业取得了令世人瞩目的成就，义务教育基本实现普及，学前教育和高中阶段教育加快普及，职业教育大力发展，高等教育快速迈向普及化阶段，我国教育发展水平跨入世界中上行列。

党的十九大报告明确指出，当前我国社会的主要矛盾已经转化为人民日益增长的美好生活需要和不平衡不充分的发展之间的矛盾。落实到教育上，就是要把教育摆在优先发展的战略地位，让人民能够享受到公平而有质量的教育。当前，我国已进入以提高质量、促进公平、优化结构为特征的发展新阶段，在国际化背景和国内经济社会快速变革的时代，我国各级各类教育的发展都面临着严峻的挑战和难得的机遇。挑战具体表现为：在我国教育发展过程中仍然存在管理体制行政化特征明显、管理理念相对保守、管理模式相对单一、学校活力明显不足等问题。上好学校难，优质教育资源供给不足的矛盾日益凸显。机遇具体表现为：党的十八大明确提出，要在2020年全面建成小康社会。教育是民族振兴和社会进步的基石，必须要和社会的发展与进步相适应。

### 1. 我国教育发展面临的国际化挑战

（1）教育供给较为单一。

经济全球化势必会影响国家人才培养的模式和要求，也对教育资源和服务的提供提出了新的要求。当前我国教育资源与服务从政府统一提供逐渐转变为政府主导、社会主体参与办学提供。随着国际化程度的加深，我国与世界各国的联系日益密切，我国经济发展和科技创新以及社会变革都对教育供给模式提出了新的要求。当前的教育体制远远不能适应国际化的变革和发展趋势，也不足以让我国人才在世界竞争中取得优势地位，又不能很好地适应经济社会发展和国家战略布局，更不能很好地满足人民大众对作为基本权利的受教育权的选择性需求。造成我国教育供给不足、教育服务单一的主要原因有以下几个：一是我国经济增长逐渐趋于缓和，相对于世界发达国家公共财政对教育投入的重视，我国财政性教育经费的增量会受到经济发展的影响；二是与国家在教育领域的主导地位形成鲜明对比的是民办教育力量式微，多元化办学体制还不健全，无法有效吸收市场力量，社会企业办学的积极性不高；三是各级各类教育之间的关系仍不清晰，公办教育和民办教育、职业教育和普通教育之间的关系和角色还没有理顺，民办教育发展受到体制严重阻碍，普职融合存在深层次的观念障碍和制度障碍①。这些都从根本上导致我国教育供给无法适应和满足人民群众多样化的教育需求，也难以适应新时代经济社会发展的要求。

（2）教育管理体制缺乏弹性。

全球化浪潮给世界各国的学校教育体制带来了诸多挑战和压力，为提

① 庞丽娟. 关于教育供给侧结构性改革的思考和建议. 教育文化论坛，2016（6）：12-16.

升国家竞争力，适应经济全球化的发展需要，各国政府必须主动改革原有的学校管理体制，弱化学校的行政管理特征，从集权走向分权，激发学校的办学活力。无论是基础教育领域还是高等教育领域，我国教育管理体制官僚化特征明显，教育管理模式僵化，学校办学活力不足，教学绩效不高。政府与学校的关系仍未清晰地界定，政府和校长的权力边界模糊，导致学校缺乏办学自主权，学校仍然遵循陈旧的管理模式和管理方法。在国际化发展背景下，我国应当通过市场化、民营化手段来改革现在的教育体制，重新定义政府与学校的角色和职能，重新建构起政府、市场与学校的关系，并尝试建立现代化的公共教育服务体系。

（3）教育管理理念落后。

文化多元化和经济全球化为信息技术的普及和发展提供了强大的推动力，同时信息网络化的快速发展又为经济全球化与文化多元化提供了更为先进的技术和手段。信息网络技术的发展不仅改变了教育组织和管理方式，也深刻影响了经济和社会的发展。文化多元化必然要求教育管理者更新思维方式，转变管理理念，在全球文化的交流与汇聚中坚持开放包容的理念，努力推动各种异质文化间的交流、碰撞与融合，进而形成更具生命力的世界文化和本土文化。在信息化时代，“互联网＋教育”为我国教育发展提供了机遇的同时也带来了挑战，面对一系列新型的教育模式和新时代人才培养要求，改革者不仅需要更新管理理念，还要进一步利用信息技术，在教育中强化自主创新意识的培养，用互联网思维打造教育新生态，发挥信息技术在教育资源配置中的独特优势，促进教育信息化的可持续发展，从而为每一位学生提供更加适合的优质教育服务。

### 2. 我国经济社会发展对教育提出的挑战

（1）教育资源分配不均现象仍然存在。

《国家教育事业发展“十三五”规划》明确指出，推动义务教育均衡发展，全面提高教育教学质量。普及高中阶段教育，逐步分类推进中等职业教育免除学杂费，率先从建档立卡的家庭经济困难学生实施普通高中免除学杂费。发展学前教育，鼓励普惠性幼儿园发展。完善资助方式，实现家庭经济困难学生资助全覆盖。“义务教育公平研究包括对区域间、城乡间、校际、群体间不公平现象的研究。大量的研究表明，校际不公平状况要远比区域间和区域内部不公平状况严重”①。以往的许多研究表明，“教育资源公平分配的原则有以下五项：(1) 资源分配均等原则 (principle of distribution equality) ——保障公共教育资源的分配对所有学生都平等。(2) 财政中立的原则 (fiscal neutrality) ——基本定义是‘每个学生的公共教育经费开支上的差异不能与本学区的富裕程度相关’。(3) 调整特殊需要的原则 (adjustments for special needs) ——保障对处境不利的群体进行补偿的倾斜政策。(4) 成本分担和成本补偿的原则 (cost sharing&cost recovery) ——在具体实施上述公平原则的过程中用以协调有限教育资源的整体平衡的具体措施。(5) 公共资源从富裕流向贫困的原则 (transmitting the public resource from the rich to the poor) ——衡量教育资源分配是否公平的最终标准”②。而事实上，我国教育在发展的过程中，由于东中西部教育资源分配不均衡，差异过大，导致不同受教育群体所享有的教育资源出现两极分化的现象。俞海洛的研究指出，当前我国城乡义务教育资源均衡化存在的问题主要有：“第一，我国教育经费配置的改革呈现出可喜的势头，国家财政性教育经费在持续增加，农村教育经费在大幅度增长。但从教育公平角度来看尚存不足，这就是城乡之间的投入差异始终没有抹平；第二，城乡办学条件差异巨大；第三，重点学校政策扩大了城乡教育资源非均衡配置的裂痕；第四，缺乏有效的监督保障机制。”③

(2) 教育经费投入仍然不足。

李克强总理在 2014 年工作回顾中指出，“过去一年，我国完善就业促进政策，推出创业引领计划，高校毕业生就业稳中有升。继续促进教育公平。加强贫困地区义务教育薄弱学校建设，提高家庭经济困难学生资助水平，国家助学贷款资助标准大幅上调。中等职业学校免学费补助政策扩大到三年。实行义务教育免试就近入学政策，28 个省份实现了农民工随迁子

①② 张绘. 我国义务教育校际资源分配不公平现象的现状、原因及对策. 教育发展研究，2007 (17)：15-18.

③ 俞海洛. 城乡义务教育资源均衡化探析. 河南社会科学，2012，20 (5)：61-63.

女在流入地参加高考。贫困地区农村学生上重点高校人数连续两年增长10%以上。经过努力，全国财政性教育经费支出占国内生产总值比例超过4%"①。这是一件可喜的事情，但是同时也应该认识到，我国教育经费占GDP比例仍旧过低，和世界其他发达国家相比仍有较大差距。并且"预算内教育经费年年都在不断增长，而且明显快于GDP的增长速度，但其中的70%都被用于义务教育，用于高等教育的仅占20%左右，约占GDP的0.6%，而许多发展中国家已超过1%，主要发达国家平均为1.7%"②。就挑战与问题而言，第一，与OECD国家的高等教育生均经费做对比，中国高等教育生均教育经费的相对水平依旧很低。第二，生均教育经费的校际差异与区域差异巨大。"2004—2013年，地方属普通高校生均经费不到中央属普通高校的1/2，其中2004—2008年这一差距甚至有不断拉大的趋势，直到2009年，二者的差距才出现缩小势头，不过依然相差巨大。地方属高校两位学生占有的资源不及中央属高校的一位学生，这种巨大的差距说明了不同类属的普通高校在教育资源的获取和拥有上存在很大的不平等性。中央属高校的生均教育经费是全国平均水平的1.6倍以上，而地方属高校这一数值仅为全国平均水平的8成左右"③。刘明从教育扩招的角度出发，认为生源的扩张和教育经费需求的绝对增量是导致教育经费不足的一个重要原因："我国高等教育自1999年扩招以来，招生数和在校生的规模都在持续增加。在短短的10余年时间里，高等教育发生了历史性变化。2002年高等教育毛入学率就达到了15%，进入了国际上公认的大众化发展阶段。大学普通本专科新生数量从1999年的159.98万人，激升至2010年的661.69万人。在校人数从1999年的413.42万人，上升到2010年的2 231.79万人。高等教育毛入学率从1999年的10.5%增长到2010年的26.5%"④。

---

① 李克强：全国财政性教育经费支出占GDP比例超4%. 人民网，2015-03-05.

② 蒋凯. 从"奢侈品"到"生存的必需"：世界银行关于发展中国家高等教育的新观点. 全球教育展望，2002，31 (6)：65-69.

③ 杜鹏，顾昕. 中国高等教育生均教育经费：低水平、慢增长、不均衡. 中国高教研究，2016 (5)：46-52.

④ 同②.

（3）教育现代化水平需要继续提高。

近年来，随着知识经济的快速发展，信息网络化和科技创新对教育产生了巨大的影响，我国的教育现代化层次和水平不断提高，但仍然面临来自两方面的挑战。

其一，基于互联网教育的新挑战。

习近平总书记强调，要加快建设数字中国，更好服务我国经济社会发展和人民生活改善。当前，网络信息技术日新月异，以数字化、网络化、智能化为特征的信息化浪潮蓬勃兴起。以信息技术为核心的数字经济正以前所未有的态势改变着中国，为高质量发展输送了新动能、拓展了新空间，为满足人们美好生活的需要提供了新选择、带来了新便利。以慕课、翻转课堂、微课堂等为代表的基于互联网的教学模式，突破了学习时间和空间的局限性，有利于学习者进行个性化的线上学习，共享优质课程资源；同时，也为促进自主学习和合作学习，探索线上教学和线下教育相融合，改革传统的教学方式和手段提供了条件。移动互联网技术和知识数字化技术的发展，使人类获取知识的方式和渠道发生了深刻变革，知识传播的方式正在由传统的单向传递转为多向互动。学校的知识权威和学术垄断地位受到威胁，实际教育效能受到质疑，教师的角色正在由知识的传授者转变为学习活动的设计者和引导者，与学生之间形成了新型的学习伙伴关系。这对传统教育提出了严峻的挑战，主要表现在：“第一，对传统的教育教学观念提出了挑战。因此，要建立富有时代内涵的人才观、多样化的质量观和现代的教学观，遵循教育教学规律和人才成长规律，突破‘千向一面’‘万人一面’培养模式的桎梏，推进信息技术和教育教学深度融合，培养多样化人才。第二，对传统的学习过程提出了挑战。基于互联网的教学模式正在颠覆着传统的学习过程，使知识传输的环节从课堂上迁移到上课之前，通过学生个性化的线上学习来实现；而在课堂上，则主要通过教师引导学生探究、反思、讨论与合作，来实现知识内化的部分功能。第三，对教师的职业生涯提出了挑战。要构建师生学习共同体，通过教师引导、师生互动、生生合作来实现教学目标；要优化教学评价标准，加强教师培训，鼓励教师研发网上课程，参与线上教学。第四，对传统的教学方式和课堂教学模式提出了挑战"①。要探索以学生学习为中心的教学和学习方式，引导学生自主学习、合作学习、探究学习；要融合线上教学和线下教学，改革传统的教学模式，提高学习效率，促进优质教育资源共享。第五，对传统的教育教学管理体制提出了挑战。要创新教学管理和学生管理体制，调整教学组织形式以及教室布局，完善教育教学质量保证体系，优化教师考核标准和课堂教学评价标准，重视学生学习效果的跟踪和综合评价机制的建设①。

其二，教育基本公共服务均等化的挑战。

2015 年 11 月 18 日，李克强主持召开国务院常务会议，会议决定，一是从 2016 年春季学期开始，国家统一确定生均公用经费基准定额，对城乡义务教育学校（含民办学校）按不低于定额标准给予补助。适当提高寄宿制学校、北方取暖地区学校和规模较小学校补助水平。鼓励各地结合实际提高公用经费补助标准。二是从 2017 年春季学期开始，统一对城乡义务教育学生（含民办学校学生）免除学杂费、免费提供教科书、补助家庭经济困难寄宿生生活费。2016 年 11 月初，在深化教育督导改革暨第十届国家督学聘任工作会上，教育部部长陈宝生坦言，教育基本公共服务均等化近年来正稳步推进，但仍存在水平比较低、发展不平衡、政策还没有完全落实到位等问题。我国义务教育均等化的问题可以从多个维度理解，包括中西部教育均等化的问题、城乡义务教育均等化的问题等等。顺应新型城镇化发展要求，整合农村义务教育经费保障机制和城市义务教育奖补政策，建立统一的城乡义务教育经费保障机制，实现"两免一补"、经费随学生流动可携带，是向深化改革、推进基本公共服务均等化、促进社会公平迈出的新步伐。

（4）教师培养模式固化。

"互联网＋教育"时代，尤其是超大规模在线开放课程（MOOC）和国内外网络在线教师的兴起，给我国教师教育带来了很大的冲击和挑战。如何应对这一形势，及时调整教师教育人才培养的理念、方案以及方式方

---

① 钟秉林. 中小学校发展面临哪些挑战和机遇?. 中国网，2017-07-28.

法，是教师、教育机构急需思考的重要议题。具体而言，互联网教育的冲击给我国教师教育带来的冲击和挑战主要表现在：

第一，教育的信息化和数字化特征日趋显著。在新的时代，教育信息化和数字化建设是提高教师培养机构的综合竞争力、学术地位和办学水平，转变办学模式和创建品牌项目的关键。随着云概念和云技术的发展，教育云技术的可行性也得以增强。在瞬息万变的技术环境下，教师培养机构面临着引进和使用数字化教学平台的挑战和机遇。如何帮助机构中的教师和教育者们能够愿意并自如地整合数字化教学平台，成了最严峻的考验。

第二，教师的知识和素养结构正在发生变化。在“互联网＋”时代，面对“数字土著”——信息技术环境下成长的学生，教师需要充分利用信息技术的优势和“互联网＋”带来的契机，在教育教学中有机整合新型信息技术，帮助学生学习和发展。在新的形势下，“整合技术的学科教学法”知识成为教师知识结构的重要组成部分。实证研究表明，教师对技术本质的理解，对如何利用技术帮助学生建构学科知识的看法，在很大程度上会影响学生的学习和发展。此外，随着有关研究团队对“学生发展核心素养”的研究，教师的核心素养结构也要重新加以研究和梳理。

第三，替代性教师培养机构不断涌现。反主流和反传统的替代性教师教育模式在美国等发达国家已经占据了一定的“市场份额”，社区学院、教育类企业、信息技术类企业或其他社会组织的教师培养模式也被教师资格认证机构和学校认可。其重要原因有二：一是师资的匮乏和教师退出机制的灵活性，二是学校拥有较高的用人自主权。而在我国，随着教师教育体系的重建和教师资格认证制度的完善，除了职业技术学院、社区学院等替代性机构，基于互联网的替代性教师培养也将会成为一种趋势，并对我国当下“师范院校培养”和“综合大学＋专业学院培养”模式造成冲击。

第四，职前教师的职业选择日趋多元化。以北京师范大学近几年的师范毕业生为例，除了选择教师作为职业，企事业单位、政府机关、民间组织、培训机构、出版机构等，也成了师范生择业的重要去向。如果考察6所部属师范院校的免费师范生的就业去向，会发现存在有些毕业生宁愿毁约也不愿从事教育教学事业的现象。不难看出，多元化的职业选择，从教师培养机构的角度看，一定程度上造成了资源浪费。同时，也给僵化单一的教师培养模式带来了挑战。

## 二、中国教育发展的新任务

当前，我国教育事业已开启新程，制定了推动教育事业科学发展的“路线图”，主要包含三个层面的内容：第一个层面是育人为本。这是教育事业科学发展的核心内容，是以人为本在教育工作中最集中的体现。第二个层面是促进公平、提高质量。这是教育事业科学发展的两大战略重点。今后我们怎么解决“大而不强”，实现“由大到强”，关键是要促进教育公平和提高教育质量。第三个层面是优先发展、改革创新。这是促进公平、提高质量的两大重要保证。

### 1. 完善国民教育体系，实现教育可持续发展

教育部原部长袁贵仁指出：“实现教育事业科学发展，就是要促进各级各类教育全面协调可持续发展。”“按照党的十七大提出的完善现代国民教育体系、形成终身教育体系的要求，教育规划纲要提出了‘5＋1＋2’的八项发展任务。‘5’就是学前教育、义务教育、高中阶段教育、职业教育、高等教育，统称国民教育体系；再加上‘1’，即继续教育，这6个方面构成了终身教育体系；‘2’就是教育的两个薄弱环节，即民族教育、特殊教育。这一体系具有‘四个鲜明特点’：一是突出了终身教育理念，首次构建了以国民教育为主体、覆盖人一生的终身教育体系；二是继续强调义务教育、职业教育、高等教育三大重点任务；三是首次对学前教育、继续教育进行了系统规划；四是对民族教育和特殊教育列了专章。”

国家“十二五”规划纲要进一步明确了八项发展任务的工作重点和工作指向，可以分为四类：第一类是学前教育、高中阶段教育、继续教育，分别是积极发展、基本普及、加快发展，这里有一个“快”；第二类是义务教育、高等教育，分别是巩固提高质量和水平、全面提高质量，这里有

一个“高”；第三类是职业教育要大力发展，这里有一个“大”，很显然既有规模问题，也有质量问题；第四类是民族教育、特殊教育，要给予支持。

**2. 破除体制障碍，创新人才培养模式**

《国家教育事业发展“十三五”规划》确定了“十三五”教育改革发展的指导思想、基本原则、主要目标和主题主线，提出到2020年“教育现代化取得重要进展，教育总体实力和国际影响力显著增强，推动我国迈入人力资源强国和人才强国行列，为实现中国教育现代化2030远景目标奠定坚实基础”。教育要发展，根本靠改革，国家“十二五”规划纲要和《国家中长期教育改革和发展规划纲要（2010—2020年）》，突出以人才培养体制改革为核心，以体制机制改革为重点，从内而外系统设计了教育体制改革的整体框架，主要包括人才培养体制改革、考试招生制度改革、建设中国特色现代学校制度、办学体制改革、管理体制改革、扩大教育开放等六项改革任务。

第一，关于拔尖创新人才培养问题。

党的十八大以来，习近平总书记把创新摆在国家发展全局的核心位置，高度重视科技创新，围绕实施创新驱动发展战略、加快推进以科技创新为核心的全面创新，提出一系列新思想、新论断、新要求。习近平说，“要在全社会积极营造鼓励大胆创新、勇于创新、包容创新的良好氛围，既要重视成功，更要宽容失败”。他指出，“要坚持竞争激励和崇尚合作相结合，促进人才资源合理有序流动”，“完善好人才评价指挥棒作用，为人才发挥作用、施展才华提供更加广阔的天地”。在中国科学院第十七次院士大会、中国工程院第十二次院士大会上的讲话中，他又提出：“盖有非常之功，必待非常之人。”人是科技创新最关键的因素。创新的事业呼唤创新的人才。尊重人才，是中华民族的悠久传统。“我国是一个人力资源大国，也是一个智力资源大国，我国13亿多人大脑中蕴藏的智慧资源是最可宝贵的。知识就是力量，人才就是未来。我国要在科技创新方面走在世界前列，必须在创新实践中发现人才、在创新活动中培育人才、在创新事业中凝聚人才，必须大力培养造就规模宏大、结构合理、素质优良的创新型科技人才。”①

第二，关于高考改革问题。

考虑到高考涉及面广、敏感度高、政策性强，为维护高考公平性，进步推进高考改革，决定成立国家教育考试指导委员会，研究制定考试招生改革方案，指导改革有序推进。2014 年 9 月，国务院印发了《关于深化考试招生制度改革的实施意见》，标志着新一轮考试招生制度改革全面启动。这次考试招生制度改革的总体定位是：促进公平、科学选才。改革在坚持统一高考制度的前提下，着力解决社会反映强烈的突出问题。主要是：唯分数论影响学生全面发展，一考定终身使学生学习负担过重，区域、城乡入学机会存在差距，中小学择校现象较为突出，加分造假、违规招生现象时有发生。

第三，关于民办教育发展问题。

党的十八届五中全会通过的《中共中央关于制定国民经济和社会发展第十三个五年规划的建议》（简称《建议》）提出，必须牢固树立创新、协调、绿色、开放、共享的发展理念，破解发展难题，厚植发展优势，实现到 2020 年全面建成小康社会的发展目标。关于“十三五”期间的教育发展，《建议》也做出了全面部署，即按照“增加公共服务供给，创新公共服务提供方式”的基本思路，全面贯彻党的教育方针，深化教育改革，创新人才培养模式，促进教育公平，提高教育质量。在这一背景下，《建议》提出：“支持和规范民办教育发展，鼓励社会力量和民间资本提供多样化教育服务。”

具体而言，现阶段我国民办学校的问题主要表现在：

第一，民办学校产权制度不明，制约了民办教育的发展进步。产权制度问题在《教育法》、《高等教育法》和《教育法律一揽子修正案（草案）》中基本没有涉及。《中华人民共和国民办教育促进法》第 35 条、36 条明确了民办学校存续期间，民办学校的“法人财产权”，第 59 条明确了民办学

① 习近平. 人是科技创新最关键的因素 创新的事业呼唤创新的人才. http://www.bda.gov.cn/cms/hwxrgg/106495.htm.

校终止时的债务清偿顺序，对于清偿债务后的剩余财产只做了“按照有关法律、行政法规的规定处理”这一原则性但没有具体操作的规定，导致“民办学校举办者或出资人对于民办学校拥有何种合法的财产权”这一界定模糊不清。30 多年来，民办学校产权制度的不明确，已经带来了实际的不良后果。这些后果是很明显的：

一是难以吸引民间资金和社会资源真正进入民办教育。现有的民办学校，基本上要么依靠学费积累缓慢滚动发展，要么依靠银行贷款或其他具有明显的营利性特点的融资而实现快速壮大，其实质都是依靠学费还债，社会捐资办学和民间实际出资办学极少。这种发展模式，必然会影响民办学校教育教学经费的实际投入。教育教学、设施设备和人才队伍建设等方面缺少足够的经费保障，必然导致民办学校在较低水平上运转、以较慢速度滚动前行。

二是难以落实对民办学校资产的监督管理责任，难以界定有关各方对民办学校资产权属的法律边界。30 多年来，民办学校资产的监督管理处置缺乏法律规章的刚性界定，而是全凭举办者个人来把握，这就必然导致各地各样、各校各样。在这种情况下，虽然从基础教育到高等教育涌现出了一批真心办学、用心办学、管理规范、实力雄厚、特色鲜明的非营利性民办学校，但它们还是属于少数，没有成为主流。同时我们必须看到，现实中也确实出现了种种不利于民办学校长远发展的现象。比如，有的办学者随意处置、变卖或转移学校资产，有的举办者把学校资产与学校办学资质打包交易买卖，一些牟利性目的明显的资本采取种种手段进入民办学校大量“吸金”，甚至有些资本把民办学校推向风险边缘或导致学校纠纷四起，学生和教师的合法权益得不到保障。面对种种现象，我们甚至难以判断其合法性。这种状况严重影响了民办教育整个行业的社会声誉和民办学校的自身成长。

三是难以真正落实对民办学校的鼓励扶持政策。民办学校财产权的模糊和资产监督管理的失范，导致社会捐赠、公共财政和举办者出资者难以放心地、大量地、全面地进入民办学校，一些政府优惠扶持政策也难以全面落地民办学校。30 多年来，民办学校获得的社会捐赠可谓少之又少，财政资助也是杯水车薪，各种鼓励扶持政策实际上是“雷声大雨点小”，举办者自有的实际出资也难以真正投入民办学校。所以，无论是从过去的实践看，还是着眼于未来长远的可持续发展，都需要在法律层面对民办学校的产权做出符合我国实际的制度安排，既要保护民办学校举办者和出资人的合法财产权，也要落实各相关主体的法律责任，使民办学校的每一份财产都有明确的最终归主，这是民办教育实现更高水平、更健康发展的重要基础。

第二，民办与公办有区别的人事制度，严重制约了民办学校的队伍建设，影响了民办学校的进步。教师是学校的核心竞争力，是办好学校的关键因素。民办学校教师的身份完全不同于公办学校教师事业单位人员的身份，在养老、医疗、职务晋升、职业转换、职业成长等方面都处于劣势地位。同样是学校教师，“双轨制”的人事制度导致民办学校难以吸引、引进和留住优秀人才，并导致许多民办学校不敢、不愿花大力气培养教师。近些年来，民办学校的优秀教师流向公办学校的现象不少，这种由制度性歧视导致的非正常流动，大大增加了民办学校的人才成本，使其根本不敢花力气培养人才。教师队伍建设面临困境，是当前各级各类民办学校的普遍性问题，也是仅靠学校自身难以根本解决的问题。要突破这个难题，改变这种局面，一方面需要国家层面加快对作为事业单位的公办学校的人事制度进行改革；另一方面也需要破解公民办学校人事制度的“双轨制”，消除公办学校教师和民办学校教师的制度性不平等。

第三，经费来源渠道单一，导致民办学校办学经费不足，阻碍了民办学校的发展进步。如前所述，30 多年来，无论哪种办学模式的民办学校，社会捐赠、举办者实际投入、政府资助和学校其他产业开发等方面的经费来源极少，民办学校基本上都是依靠学生学费收入来滚动积累发展和维持学校的运行，再就是通过向银行借贷或其他方式举债来维持运行，以学费收入还债。无论哪一种形式，都会导致民办学校在基础设施建设、教育教学和人才队伍建设方面的经费不足，尤其是基础设施建设这项硬需求，必然会挤压教育教学和人才队伍建设的经费。

此外，民办学校除了缺乏多渠道经费来源外，由于我们在制度和政策层面对民办学校的财产和财务缺乏刚性的制度规范，缺少政策性的有效监督，所以民办学校举办者对学校的财产和财务自由裁量和使用的空间较大，出现了有限的经费通过种种方式流出学校的情况，甚至自由处置学校资产、自由交易学校的情况也不鲜见，这些都是民办学校经费不足的原因。

### 3. 中国教育面临的保障任务

教育是国之大计，科教兴国是基本国策。习近平总书记关于教育战略定位的“两个途经”（重要途径、根本途径）、“两个决定”（决定今天、决定未来）、“两靠”（靠人才、靠教育）、“两基”（基础、基石）的重要论述，丰富和发展了党关于教育优先发展的理论。学习贯彻习近平总书记关于教育战略定位的重要论述，务必牢固树立抓教育就是抓发展、抓创新、抓未来的理念，始终坚持教育优先发展，坚持组织领导优先、规划优先和投入优先，加快推进教育现代化，为实现“两个一百年”奋斗目标和中华民族伟大复兴中国梦提供坚实的人才保障。党的十九大对教育工作做出了全面系统的部署，主要内容有六个方面：一是基本战略，就是进一步明确了教育事业优先发展的战略。这是科教兴国战略和人才强国战略的具体体现，充分表明了党中央始终坚持教育优先发展的坚定决心，向全党全社会释放了明确强烈的信号。二是特殊地位，就是建设教育强国是中华民族伟大复兴的基础工程，将教育与我国历史进程、现实国情、新时代的任务紧密而直接地联系在一起，更加重视教育的基础性、先导性、全局性作用。三是总体目标，就是加快教育现代化，办好人民满意的教育。这个目标包含客观水平和主观感受两个维度。现代化是客观的、高水平的发展状态，是对传统教育的超越；人民满意是发展教育的宗旨，是以人民为中心发展思想的具体体现。四是根本任务，就是全面贯彻党的教育方针，落实立德树人根本任务，发展素质教育，培养德智体美全面发展的社会主义建设者和接班人。我们办的是社会主义教育，培养的是社会主义建设者和接班人，方向永远是第一位的、决定性的。要从培养担当民族复兴大任的时代新人的高度认识和把握这一根本任务。五是发展取向，就是推进教育公平，强调推动城乡义务教育一体化发展，高度重视农村义务教育，办好学前教育、特殊教育和网络教育，普及高中阶段教育，支持和规范社会力量兴办教育，办好继续教育，健全学生资助制度。促进公平是国家基本教育政策，任何时候都不能偏离。六是根本要求，就是高质量发展，强调努力让每个孩子都能享有公平而有质量的教育，深化职业教育产教融合、校企合作，实现高等教育内涵式发展，培养高素质教师队伍，大力提高国民素质。

从党的十九大确定的战略定位来看教育的作用，从发展目标来分析教育的现状，从任务要求来审视教育的发展思路，可以说，当前我国教育正面临新的形势和任务，机遇前所未有，挑战前所未有，许多新情况新问题都需要我们去面对、去解决。在加快教育现代化、建设教育强国的新征程中，随着经济社会发展及随之而来的生活需求的深刻变化，随着国家对外开放步伐不断加快及随之而来的日趋激烈的国际竞争，随着社会公平正义不断提升及随之而来的知识技能重要性的不断提升，解决教育发展不平衡不充分的问题将是我们长期的工作主题。

2018 年是贯彻党的十九大精神的开局之年，是改革开放 40 周年，是决胜全面建成小康社会、实施“十三五”规划承上启下的关键一年，是教育系统实施“奋进之笔”的进取之年。教育工作的总体思路是：全面贯彻党的十九大精神，以习近平新时代中国特色社会主义思想为指导，紧紧围绕统筹推进“五位一体”总体布局和协调推进“四个全面”战略布局，坚持稳中求进总基调，按照高质量发展根本要求，贯彻党的教育方针，推进教育优先发展，落实立德树人根本任务，深化教育改革，推进教育公平，发展素质教育，加快教育现代化，努力培养德智体美全面发展的社会主义建设者和接班人，培养担当民族复兴大任的时代新人①。

为深入推进新时代中国特色社会主义教育事业，采取了如下举措：

第一，坚持和加强党对教育工作的领导。

按照党的十九大提出的新时期党的建设总要求，毫不动摇坚持和加强

---

①　陈宝生．在全国教育工作会议上的讲话．教育部网，2018-01-23．

党对教育的领导，把2018年作为教育系统党建质量年，不断提高党的建设质量，为加快教育改革发展稳定提供坚强政治、思想和组织保证。把党的政治建设摆在首位。党的政治建设是党的根本性建设，决定党的建设方向和效果。保证全党服从中央，坚持党中央权威和集中统一领导，是党的政治建设的首要任务。要教育引导广大干部师生牢固树立“四个意识”，不断坚定“四个自信”，坚决维护党中央权威和集中统一领导，坚定执行党的政治路线，严格遵守政治纪律和政治规矩，确保党的基本理论、基本路线、基本方略在教育系统不折不扣地贯彻落实。政治上的坚定源于理论上的清醒。要用习近平新时代中国特色社会主义思想武装头脑、指导实践、推动工作，教育引导广大党员干部师生牢记党的宗旨，挺起共产党人的精神脊梁，自觉做共产主义远大理想和中国特色社会主义共同理想的坚定信仰者和忠实实践者。要把巡视整改作为最严肃的政治任务抓紧抓好，深入做好中管高校巡视整改落实工作，深化政治巡视，坚持发现问题、形成震慑不动摇，建立巡视巡察上下联动监督网，层层压实全面从严治党主体责任，推动教育系统全面从严治党向纵深发展，形成风清气正的政治生态。狠抓基层、大抓基层。党的基层组织是确保党的路线方针政策和决策部署贯彻落实的基础。以提升组织力为重点，实施党建工作“对标争先”计划，把教育系统每一个基层党组织都建设成为坚强的战斗堡垒，真正担负起、担负好直接教育党员、管理党员、监督党员和组织群众、宣传群众、凝聚群众、服务群众的职责，着力解决一些基层党组织弱化、虚化、边缘化问题。按照中央统一部署，在教育系统推进“两学一做”学习教育常态化制度化，认真开展“不忘初心、牢记使命”主题教育。研究制定党建工作考核办法、基层党组织书记考核细则、党支部工作规程、高校党委工作条例等规章制度，不断完善党建工作制度体系。推进中小学校党组织和党的工作全覆盖。建立健全民办高校党组织，全面推行党组织书记选派，加强中外合作办学党建工作。

第二，系统推进立德树人。

党的十九大再次强调立德树人根本任务，这是教育系统坚持和发展中国特色社会主义的核心所在。把德育摆在更加重要的位置，丰富育人载体，创新育人方式，构建长效机制，写好立德树人新篇章。坚定青少年理想信念。广泛开展理想信念教育，筑牢青少年一代思想根基。深化中国特色社会主义和中国梦宣传教育，弘扬民族精神和时代精神，加强爱国主义、集体主义、社会主义教育。积极培育和践行社会主义核心价值观，加快构建大中小幼一体化德育体系，强化教育引导、实践养成、制度保障，让社会主义核心价值观的种子在青少年心中生根发芽。加强法治教育，继续办好全国学生“学宪法讲宪法”和国家宪法日主题教育活动，建设青少年法治教育实践基地。

改进和加强思想政治工作。为贯彻落实全国高校思想政治工作会议精神，2017 年 12 月，中宣部、中组部、教育部召开了加强和改进高校思想政治工作座谈会，对深入贯彻落实习近平总书记在全国高校思想政治工作会议重要讲话做出部署。强调要全面加强马克思主义理论学科建设，深入研究习近平新时代中国特色社会主义思想和习近平总书记关于教育的重要论述。深入实施高校思想政治工作质量提升工程，研究制定学科德育指导纲要，充分发挥各门课程育人功能。开展“三全育人”综合改革试点，培育建设一批示范区、示范校、示范院系。实施“高校思想政治教育名师支持计划”，开展“高校思政课教师队伍建设年”专项工作，持续提升思政课质量。提出要切实办好高校思想政治工作网，在立好办网之魂、强化能力建设、巩固壮大阵地、改进传播方法等方面下功夫，发挥其在提升思政工作质量、构建一体化育人体系方面的重要作用。

大力发展素质教育。切实加强学校体育工作，深入推进体育教学改革，把体质健康和运动技能作为学生综合素质评价重要指标。制定学校美育工作基本标准，通过考试招生制度改革、教育教学质量监测、综合素质评价等手段，形成倒逼机制，扭转重智育、轻体育美育的局面。充分发挥实践育人功能，开好综合实践活动课程，抓好校内外劳动等关键环节，以劳树德、以劳增智、以劳强体。重视加强心理健康教育，健全完善学生心理健康教育机制。实施高校创新创业教育“燎原”计划，推动高校创新创业教育向纵深发展。更大范围、更高层次、更深程度组织“青年红色筑梦之旅”活动，引导学生深入基层了解国情民情，不断提高创新创业能力。

加强语言文字工作。弘扬传承中华优秀语言文化，加强语言文字规范标准建设，实施好中华经典诵读、语言文字信息化关键技术研究应用、中国语言资源保护、甲骨文研究与应用等重大工程。大力推广和规范使用国家通用语言文字，深入实施普及攻坚工程，全面落实“推普脱贫攻坚行动计划”，积极推进普通话基本普及县域验收。加强网络语言治理，引导学生和全社会文明用语。

第三，完善公共教育服务体系。

党的十九大报告指出，要推进教育公平，努力让每个孩子都能享有公平而有质量的教育。教育公平连着民心，民心连着党心，促进公平是引领教育发展的首要价值。让贫困地区同全国一道进入全面小康社会是我们党的庄严承诺。时间很紧、任务繁重，国家要求各地聚焦聚焦再聚焦，采取超常规措施，加快补上教育民生短板。

促进学前教育普惠健康发展。国家提出要进一步办好学前教育，在幼有所育上取得新进展。尽管“入园难”问题基本解决，但仍然存在普惠性资源不足、教师队伍素质不高、保障机制不健全、保教质量参差不齐、社会热点时有发生等问题。围绕落实习近平总书记关于学前教育重要批示精神，教育部组织开展了大调研，在大调研基础上，加强顶层设计，制定符合我国实际的幼教规划和重大举措。以第三期学前教育行动计划为抓手，坚持政府主导，不断扩大普惠性资源总量。坚持公益普惠，在大力发展公办园的同时，积极引导和扶持民办园提供普惠性服务，大力支持农村地区、脱贫攻坚地区、城乡接合部和二孩政策新增人口集中地区新建、改扩建幼儿园。强化体制机制，建立健全“国务院领导、省市统筹、以县为主”的学前教育管理体制。投入上，努力建立生均拨款、收费、资助一体化机制，出台公办园生均拨款、普惠性民办园补助标准，健全资助标准。师资上，完善编制管理办法和工资待遇保障机制，提高准入门槛，引导和监督依法配足配齐保教人员。努力提高保教质量，完善质量评估体系，落实《幼儿园办园行为督导评估办法》，建立办园行为常态监测机制，确保依法依规办园。加大力度持续开展“小学化”专项治理，完善教研责任区制度，强化对各类幼儿园特别是薄弱园的专业指导，让每一个在园儿童接受专业化、有质量的学前教育。坚决防止幼儿园伤害幼儿事件发生，一经发现必须严肃查处。

加快城乡义务教育一体化发展步伐。实施乡村振兴战略是党的十九大的最新部署，教育工作的任务就是要全面振兴乡村教育。要抓均衡、夯基础、补短板。强化省级政府统筹，把学校布局与乡村振兴战略融为一体，持续推进全面改薄工作，重点督查“20项底线”要求和五年规划任务完成情况，确保校舍建设和设施设备采购任务“过九成”，基本消除66人以上超大班额。全面加强乡村小规模学校和乡镇寄宿制学校建设，大力推进两类学校建设底部攻坚，让乡村小规模学校小而优、小而美。全面普及目标实现后，控辍保学成为重要任务，辍学高发区要“一县一策”制定完成控辍保学工作方案，锁定重点地区和重点学段，实施精准控辍。继续开展义务教育发展基本均衡县（市、区）督导评估认定和监测复查工作，实现全国85%的县（市、区）达到基本均衡目标，启动义务教育优质均衡发展督导评估认定工作。要抓优质、促规范、提质量。制定《加强义务教育教学改革的指导意见》，推动规范教育教学秩序，创新教学方法，加强教研队伍建设，提高教学质量。开展中小学素质教育督导评估和中小学校管理评价，促进学校规范办学行为，开齐开足开好国家规定课程。大力规范校外教育培训机构，2018年出台《国务院办公厅关于规范校外培训机构发展的意见》，探索建立负面清单制度和联合监管机制，使其成为学校教育的有益补充者，而不是教育秩序的干扰者。这里，我要强调九年义务教育制度是《教育法》和《义务教育法》的明确规定，要严格执行。

加大普及高中阶段教育攻坚力度。党的十九大将高中阶段教育由十八大的“基本普及”调整为“普及”，这意味着绝大多数城乡新增劳动力都能接受高中阶段教育。实施高中阶段教育普及攻坚计划，解决落后地区教育资源短缺、大班额比例高、学校运转困难等突出问题。推动多样化、有特色发展，深化普通高中课程改革，完成高中各科教材修订，2018年秋季入学高一年级全面实施新修订的课程方案和课程标准，推行选课走班，丰富课程体系，加强生涯指导教育，有力推进育人方式改革。

加大对困难地区扶持力度。2018年年初出台深度贫困地区教育脱贫攻坚实施方案，重点攻克“三区三州”贫困堡垒。进一步加强直属高校定点扶贫工作，精准对接定点扶贫县需求，压实高校扶贫责任。实施“中西部高等教育振兴计划升级版”，推进中西部高校综合实力提升工程、中西部高校基础能力建设工程和对口支援西部高校计划，加强省部共建、部省合作，签订部省合建中西部 14 所高校协议，支持中西部高校着力加强“造血”功能，提高办学水平。继续实施支援中西部地区招生协作计划、农村和贫困地区定向招生专项计划、职业教育东西协作行动计划。科学稳妥推行双语教育，加快提高民族地区教育发展水平。落实好各类内地民族班招生计划，开展教学质量监测评价，深入推进新疆、西藏和四省藏区教育发展。组织开展加快中西部教育发展工作督导评估监测，要求各地抓紧制定工作措施，推进各项任务落到实处。

更好保障困难群体受教育权利。对困难群体从各方面给予特殊的关爱、特殊的扶持。健全学生资助制度，研究完善义务教育阶段“一补”政策、中等职业学校国家奖助政策。加强普通学校随班就读，在摸清底数基础上，落实“一人一案”，做好未入学适龄残疾儿童教育安置。加快实施以居住证为主要依据的随迁子女入学办法，依法保障随迁子女平等接受义务教育。完善家庭、政府、学校尽职尽责，社会力量积极参与的农村留守儿童关爱保护体系，让随迁的孩子都能上好学，让留守的孩子都能茁壮成长。

切实加强校园安全。安全是第一位的。安全稳定是最大的政治责任，妥善处理各种风险隐患，以安全稳定的教育生态安亿万心、稳千万家。通过健全机制，落实好中小学生欺凌综合治理方案，完善防治学生欺凌制度体系。各地努力完善校园安全风险防控机制，健全学生意外伤害保险制度和校园周边治安综合治理机制，加大对重点场所、重点环节、重点部位隐患排查整治力度。完善重大安全事故通报机制，及时做好信息研判、议事协调、应急处置和善后恢复工作。重视和加强对学生的安全教育，有针对性增加反欺凌、反暴力、反恐怖行为、防范针对未成年人犯罪行为等内容，提高学生安全意识和自我防范能力。

第四，大力促进教育内涵式发展。

党的十九大报告指出，要大力提升发展质量和效益。质量决定兴衰，是教育工作的生命线。要以质量为本，把标准建起来，把责任落下去，把机制完善起来，推动教育事业进入提质增效的轨道。

持续推进职业教育质量提升。印发实施职业学校校企合作促进办法，推进职业教育校企深度合作项目，鼓励大企业举办高质量的职业教育，推进现代学徒制试点，建设一批示范性职业教育集团。完善具有职业教育特点的教学标准体系，印发新的中职专业目录和部分公共基础课程标准、高职专业教学标准，健全专业随产业发展动态调整机制。实施中国特色高水平高职学校和专业建设计划。创新职业院校评估，提升职业院校办学水平和质量。

健全高等教育内涵发展政策机制。强化分类管理，研究制定高校分类设置标准，探索建立不同类型高校拨款标准、质量评估、人事管理、监测评价等制度，构建有利于各类高校特色发展的评价指标体系和评价方式。开展地方高校转型发展总结评估，加快构建配套制度体系，推动高校转型改革迈向纵深。实施“六卓越一拔尖计划”2.0版，建设一批“一流本科、一流专业、一流人才”示范引领基地。发布实施普通高校本科专业类教学质量标准，形成周期性评估和常态监测相结合的多方质量保障机制。推动形成就业与招生计划、人才培养联动机制，全过程提高人才培养质量。推进科教融合，启动实施高等学校基础研究珠峰计划，加强协同创新平台建设，以高水平科学研究为高等教育内涵式发展的战略支柱。“双一流”建设对我国从高等教育大国向强国的历史性跨越，对整体提升我国教育水平、强化国家核心竞争力意义重大，是党中央、国务院做出的战略决策。注重绩效管理，研究制定“双一流”建设绩效评价办法，推动建设高校从凝练学科方向、编制建设方案转到全面落实。探索建设一批新时代中国特色社会主义标杆大学，发挥其排头兵、领头雁作用，使其成为建设高等教育强国奋进的标杆、学习的样板。

办好继续教育。这是满足人民美好生活需要的重要方面，也是提高国民素质的战略选择，努力从投入上、制度建设上下更大功夫，提高教育体系的包容性、灵活性、可选择性。以扩宽知识、提升能力和丰富生活为导向，稳步推进学历继续教育改革发展，大力发展非学历继续教育，特别是面向在职人员、社区居民、农民工、新型职业农民、退役军人等重点人群开展教育培训。加快发展老年教育，统筹发展城乡社区教育，推进学习型城市和各类学习型组织建设。健全继续教育、终身学习制度，建立学分认定转化积累制度，完善人人皆学、时时可学、处处能学的终身学习体系。

第五，纵深推进教育改革。

改革进入“内部装修”阶段，必须在实处、细处、深处发力，抽丝剥茧、层层深入，找准病根、找准对象，对症下药、精准突破。深入落实两办印发的《关于深化教育体制机制改革的意见》，加强对教育改革的统筹谋划和推进落实。深化“放管服”改革。教育领域“放管服”改革取得了积极成效，但仍存在一些改革的空白点、盲点、堵点。要真正刀刃向内，坚持问题导向，将改革进行到底。“减法”要继续。用足用好五部门深化高等教育领域“放管服”改革文件的政策，进一步为高校办学松绑减负。教师职称评审权要彻底下放至高校。根据办学实际需要和精简效能原则，高校自主确定教学科研、行政职能部门等内设机构的设置和人员配备，赋予直属高校国有资产管理更大自主权。“加法”要创新。全面部署启动对省级人民政府履行教育职责评价工作。大力推进“双随机、一公开”，充分利用大数据手段，加大信息公开力度。用好巡视利剑，把权力转化为师生、基层和群众的福利。“乘法”要加快。在科技成果转化、就业创业等方面师生还有不少反映和期待，要优化“互联网＋政务服务”，提高教育领域政务服务信息化水平，提供便捷、快捷的服务。

实施考招改革“拓展深化”攻坚行动。系统总结上海、浙江试点经验，为后续启动改革的省份提供借鉴。进一步扩大试点范围，增加北京、天津、山东、海南 4 个省份。推进“新高考”考试内容改革，更加突出考查学生运用所学知识分析问题、解决问题的能力。加强和改进普通高中学生综合素质评价，要求各地抓紧出台配套文件，转变以考试成绩为唯一标准评价学生的做法。积极稳妥推进中考改革，做好政策宣传解读，抓好改革试点。

支持和规范社会力量兴办教育。加快《民办教育促进法实施条例》修订工作，在落实优惠政策、拓宽投资渠道等方面进一步加大扶持力度，高度关注民办学校师生权益保障等问题，做出指导性规定。全面总结民办教育发展经验，梳理民办教育改革发展中的重点难点问题，明确政策措施。

第六，全面加强教师队伍建设。

习近平总书记指出，教师是人类历史上最古老的职业，太阳底下最崇高的职业就是教师。要重视教师队伍建设，关心教师的健康成长，关心教师的待遇地位，倡导全社会尊师重教。一个人一生遇到一个好老师，这是一个人的幸运；一所学校拥有一些好老师，这是这个学校的光荣；一个民族拥有源源不断的好老师，这是这个民族发展的根本依靠、未来依托。总书记对好老师的标准强调了四句话：一是要有理想信念。这个理想信念指的就是中国特色社会主义向心力。二是要有道德情操。尊师重教，核心是师德师风。没有师德，难以重教，难以尊师。三是要有扎实学识。为学生传授真知、解疑释惑，满足学生学习需求，自己要有真本领。四是要有仁爱之心。教育是最有爱心的事业，没有爱心别当老师，没有爱心别搞教育。

实现高质量发展，关键还是靠教师。党的十九大报告从师德、专业化发展和尊师重教三个方面，对加强教师队伍建设进行了系统部署。要抓住《全面深化新时代教师队伍建设改革的意见》出台的机遇，实施教师队伍"建设改革"攻坚行动，全面开启教师队伍建设的新征程。

健全师德师风建设长效机制。教师的本质是塑造灵魂、塑造生命、塑造人。实施师德师风建设工程，大力提升教师思想政治素质和师德涵养。推进全国高校黄大年式教师团队创建活动，组织创作一批反映教师队伍新形象新面貌、群众喜闻乐见的影视和文艺作品。强化监督考核，推行师德考核负面清单制度，实行师德"一票否决"。严格师德惩处，建立师德失范曝光平台和定期通报制度，营造风清气正的教育行风。

培养适应未来教育变革的新型教师。启动实施教师教育振兴行动计划，加大对师范院校支持力度，建设一批高水平教师教育基地，分级分类开展师范类专业认证。国培计划要继续向集中连片特困地区、民族地区、"三区三州"倾斜，2018 年实现 832 个集中连片特困地区县和国家级贫困县乡村教师培训全员覆盖。

完善教师管理制度。深入推进"县管校聘"管理改革，使教师由"学校人”转为“系统人”，推进义务教育校长教师交流轮岗，让教师资源动起来、活起来。落实中小学教职工编制标准，编制向乡村小规模学校倾斜。深化大中小学教师职称制度、考核评价制度改革与监管，优化岗位设置，激发出教师在各自岗位上教书育人的积极性、主动性、创造性。

提升教师获得感、幸福感和荣誉感。完善教师权益保障体系，真正让教师成为令人羡慕的职业。打好落实乡村教师支持计划攻坚战，全面落实集中连片特困地区和边远艰苦地区乡村教师生活补助政策，推动提标扩面，惠及更多乡村教师。“质量从尊师来”。在全社会倡导尊师重教，重提师道尊严，厚植尊师文化，弘扬尊师传统，营造尊师氛围。

第七，夯实教育事业基础。

办出高质量、现代化的教育，必须要有科学化、规范化、高效率的保障机制。无论是我们的物质投入、发展手段还是治理方式，都面临升级换代的任务。落实教育投入责任。保证国家财政性教育经费支出占 GDP 比例不低于 4%，确保一般公共预算教育支出只增不减，确保按在校学生人数平均的一般公共预算教育支出只增不减。要求还没有建立普通高中、学前教育生均拨款制度的省份，抓紧建立，不能再拖。出台调整优化结构、提高教育经费使用效益的意见，既要优先保障也要优化结构，既要精准投入也要精细管理。调整优化来源结构，在继续保证财政投入稳步增长的同时，进一步扩大社会投入比重。调整完善政策目标，既尽力而为、又量力而行，及时调整超越发展阶段、违背教育规律的政策目标，不提脱离实际难以实现的目标，不做脱离财力难以兑现的承诺，不搞“寅吃卯粮”的工程。调整优化支出结构，坚持保基本、兜底线、补短板、促公平、抓关键、提质量，更多向农村、边远、贫困、民族地区倾斜，向学前教育、义务教育、职业教育倾斜，向基层教师和困难学生倾斜，把钱花在刀刃上。全面加强监管，加强绩效评价，做到花钱必问效、无效必问责。加快教育信息化步伐。启动教育信息化 2.0 行动计划，重点实施宽带卫星联校试点行动、大教育资源共享计划、网络扶智工程，普及推广网络学习空间应用，加快发展基于互联网的教育服务模式。建成免费开放的基础数字教育资源，实现民族和边远贫困地区州县级学校教育信息化建设全覆盖。全面提升教师信息技术应用能力，实现从少数人应用到普遍应用，从课外应用到课堂教学主战场应用，从展示性应用到日常性教学应用，真正发挥教育信息化的支撑引领作用，用信息技术改造传统教学。全力推进依法治教。中央强调全面依法治国，这既是推进依法治教难得机遇，也是对我们的重大考验。加快重点领域教育立法，大力推动《学前教育法》《学位条例》《职业教育法》和《民办教育促进法实施条例》等法律法规起草、修订工作，以良法保发展、促善治。适应教育管理新变化，深入推进依法行政，出台加强教育行政执法体制机制改革意见，切实使教育法律规则硬起来。深入推进依法治校，开展依法治校示范校创建活动，推广一批依法办学典型，使学校成为践行法治理念的“首善之区”。鼓励各地开展全面依法治教实践区建设，使依法治教落地落实。加大普法力度，切实提高教育部门、学校负责人特别是主要负责人依法治教的意识和能力。建立年度教育案例发布制度和部属高校重大案件通报制度，以案释法、以案普法①。

## 三、中国教育发展亟待解决的主要问题

习近平总书记站在人类社会发展的高度，在致清华大学苏世民学者项目启动仪式的贺信中提出“教育决定着人类的今天，也决定着人类的未来”的论断，深刻论述了教育对人类社会发展具有的重要意义。教育是人类社会的重要活动，担负着传承老一辈的生产经验和社会实践经验、为当代社会和未来社会培养人才的任务。正如毛泽东1957年在莫斯科对中国留学生讲的：“世界是你们的，也是我们的，但是归根结底是你们的。”当今世界风云变幻，冲突和矛盾重重，人类面临种种挑战，教育要为未来可持续发展承担责任。联合国教科文组织2015年的报告《反思教育：向“全球共同利益”的理念转变?》提出，教育应该以人文主义为基础，尊重生命和人类尊严、权利平等、社会正义、文化多样性、国际团结，为可持续的

① 陈宝生．在全国教育工作会议上的讲话．教育部网，2018-01-23.

未来承担共同责任。近年来，我国教育中出现的热点问题不仅是教育大发展中产生的问题，也是经济社会大发展、大转型时期产生的问题。这些问题不仅要靠教育的改革创新来破解，还要通过经济社会发展、国家政策调整和相关社会制度的创新来改善。纵观我国教育发展近况，可以总结出，中国教育发展亟待解决的主要问题有以下几个方面。

### 1. 如何改革高考招生制度

高考招生制度在我国发展中发挥着独特而重要的作用。但高考制度在选择人才的同时仍存在一些问题。为此应从以下几方面着手：

第一，必须坚持统一高考。高考关乎着国家的长远发展与社会的持续稳定。作为我国教育事业的一项基本制度，我们必须全面、客观、公正地看待我国的高考，坚持统一高考不动摇，绝不能盲目废止或变动高考。第二，改革高考管理体制，实行“教、考、录”三者相对分离。为了理顺高考与教育的关系，提高高考在选拔人才和造就人才方面的效能，有必要改革高考管理体制，明晰政府、高校、考试机构和中学等各自的责权关系，实现“教、考、录”三者分离、各司其职，从而实现良性互动。第三，高考改革要稳步推进。高考招生制度改革关系到社会和教育的公平与公正，涉及千家万户的切身利益，要避免疾风骤雨式的激进改革。此外，高考招生制度改革还是一项系统工程，需要充分考虑到考生、教师的适应性以及多部门的协调性，要避免否定式的改革方式，更不能推倒重来。

### 2. 如何解决农村教师问题

目前，农村中小学教师主要面临的问题有以下几方面：农村中小学教师待遇低，教师津贴补贴拖欠严重；农村中小学教师县镇超编和乡村缺编（包括结构性短缺）现象并存，边远地区教师严重短缺且补充困难；农村中小学教师结构性短缺与师范院校毕业生无法入编问题并存；农村中小学教师学历、职称有待提高；农村中小学骨干教师流失现象严重，边远农村地区教师流失更为严重；农村中小学教师培训经费缺乏保障，教师专业化水平有待提高；清退农村代课教师难度大、遗留问题多。解决农村教师问题的目的在于建设一支以解决农村教育症结为出发点、促进农村现代化发展的教师队伍。农村教师问题涉及政府、市场、教师教育机构、中小学校与教师个体等诸的关系。农村教师问题的解决依赖政府、市场、教师教育机构、中小学校和教师个体等的共同参与，并通过退出规则、吸入规则、价值规则和提高规则四个基本规则维持其运转，达到农村教师队伍建设目标。

### 3. 如何发展职业教育

我国职业教育吸引力不足的原因有：一是悠久的历史文化传统对职业教育吸引力的影响。我国主流文化教育思想是“学而优则仕，仕而优则学”，求学，求的是圣人之道，讲求的是“大道不器”、雄才大略。“技”“艺”都属于雕虫小技，似乎是在教育领域之外的。这从心理层面上影响着人们对职业教育的看法。二是受社会现实劳动分工中存在的劳动环境、工资待遇等问题的影响。职业教育培养生产、服务一线的劳动者，而我国一线劳动者的就业稳定性较差、劳动环境较差、工资待遇较低，这直接降低了职业教育的吸引力。三是与职业教育有关的管理与政策的不完善降低了职业教育的吸引力。办学体制、招生政策等所导致的重职前教育轻在职培训、中职与高职的脱节等问题使职业教育没有吸引到有潜在需求的人群。四是职业教育本身存在的种种问题导致职业教育质量不高。我国职业教育资金投入严重不足、工学结合模式推行困难等问题导致一些职业教育质量不高，也降低了职业教育的吸引力。提高职业教育吸引力的七大政策建议：一是真正提高职业教育的地位。二是切实提高技能岗位的经济待遇与社会地位。三是完善现代职业教育体系。四是提高质量，满足学生与社会的需要。五是充分调动地方政府等利益相关者发展职业教育的积极性。六是改善职业教育的形象，让全社会都了解职业教育。七是满足各类人群尤其是处境不利人群对职业教育的需求。

### 4. 如何解决义务教育阶段的择校问题

自 20 世纪 90 年代以来，随着我国大中城市中择校现象的逐渐显现和扩大，各级政府和教育主管部门出台了一系列政策对择校问题进行规范治理。在政策的总体思路上，大体经历了一个从禁止择校，到“堵”“疏”结合，再到以均衡发展破解择校问题的转变过程。最初，择校及其收费问题被认为是部门和行业不正之风的表现，政策上要求学校不得搞“计划外”招生，不得向学生收取高额费用。从1995年开始，政府强调对择校生高收费问题进行综合治理，并认识到义务教育阶段乱收费和“择校生”问题，不单纯是因收费行为不规范造成的。进而提出解决“择校生”问题的根本途径，即继续采取措施加强薄弱学校的建设，逐步缩小学校间办学水平上的差距。同时，鼓励和支持社会团体、公民个人依法开办民办学校，以满足一些家长的择校要求。然而，在随后出台的政策中，既要求义务教育阶段公办学校不得招收“择校生”和变相招收“择校生”，又提出在一些大中城市经审批可允许少数义务教育阶段公办学校招收“择校生”，择校费等收入由所在地教育行政部门统筹管理使用。政策本身的自相矛盾使得治理择校的初衷无法实现，将社会上的择校需求向民办学校引导的设想在现实中也严重走样。21世纪初，义务教育阶段学校均衡发展的呼声日高。新修订的《义务教育法》贯彻了教育公平与义务教育均衡发展的精神，为促进义务教育均衡发展、有效治理择校难题提供了有力的支撑。以均衡发展化解择校问题成为政府和社会的共识。我们应当对义务教育阶段公众的择校需求与公众对择校的不满有一个理性的认识，应当反思公众究竟是反对择校，还是单纯反对目前失控、无序以及越来越远离教育本义的择校？二者不应混为一谈。治理择校的政策不应以消除择校为目标。注重优质教育的生成而非单纯扩充，提供可选择的优质特色教育，使人人各得其所、各择其校，才能使教育真正让人民满意。

### 5. 如何改革教师评价制度

我国教师评价制度大致经历了从无到有，从确立但不规范到制度化，再从制度化到不断完善的三个历史阶段。现阶段，我国教师职业倦怠现象严重，高等教育阶段教师学术腐败现象频出，改革现行教师评价制度十分必要。与此同时，当前教师评价制度改革具有紧迫性。在教师队伍中推行绩效评价目前还存在一些困难：一是绩效评价的价值取向不被业界人士接受。二是评价量化标准难以确定，教育的本质是育人，而人的发展是不能够或者不完全可以量化的。三是在绩效工资改革中，教师同工不同酬的问题难以解决。四是难以保证教师最低收入不低于公务员。五是难以保证绩效评价不以学生的考试分数和升学率为依据。六是绩效评价不能减轻教师负担，反倒会增加不必要的负担，对于改善和根治教师职业倦怠无益。七是教师作为教育教学的主体，对于自身评价制度的设计以及是否应该实施绩效评价往往没有发言权，利益诉求没有表达的途径。这些均不利于教师的专业发展。

我国推行教师绩效评价，实行绩效工资制度已成定势。如何使这一评价制度最大限度地促进教师专业发展，服务于教师队伍建设，服务于我国推行素质教育的改革是一个重要的课题。在我国实施绩效工资需要具备一定的前提条件：第一，要有可为广大一线教师接受并认同的标准。这一标准的产生和实施都要有能够真正代表教师利益的群体组织的监督和参与。在教师绩效评价制度实施的过程中，教师主体不能缺位。第二，要实现教师专业发展的主体性，保障教师评价的主体地位。因此，要发展并培养教师行会，赋予其一定的政策空间，使教师有自己利益诉求的代表。第三，对教师进行绩效评价的主体应该是多元的，而不应仅仅是教育系统中的权力部门。已有的研究表明，提高教师工资起点，保证客观，不设上限，都是对教师实施绩效工资制度的必要条件。

### 6. 如何加大政府教育投入

我国的教育投入一直严重不足，国家财政性教育支出占 GDP 的比重较低。这是制约我国教育事业发展的重要因素之一。我国公用教育经费投入不足的原因有：政府收入多头管理，支出重经济轻民生；教育财政责任过多下放到基层政府，中央和省级政府负担过低。建立政府教育投入保障机制的理念和思路有：一是保障教育投入有法可依。一方面为保障教育投入的稳定来源和增长，需要进一步充实和完善法律法规，使法律责任具体化、规范化，增强其可操作性。另一方面是要有标准可依。比如，制定义务教育财政支出标准要坚持保障基本支出的原则，坚持地区差别的原则，坚持通用和简便的原则。二是政府行为必须到位。要合理确定各级政府对教育投入的责任。根据现行财政体制，按照各级政府的财力水平，从建立公共财政的基本要求出发，合理划分各级政府对教育投入的责任。政府履行自身责任，行为必须到位。三是建立完善的监督制度。全国人大和地方各级人大应依法加强和改善对同级政府教育投入情况的监督。既要对预算进行监督，又要对预算执行过程和决算进行监督。要在明晰教育法律责任的基础上，按照国家有关法律规定，细化教育行政处罚办法，增强可操作性，加大处罚力度。可以考虑通过建立教育法庭等，保证司法尊严，维护教育权益。

### 7. 如何发展学前教育

目前，学前教育在我国远未达到普及的程度，尤其是经济欠发达地区农村学前教育普及率远低于经济发达地区与城镇地区。当前我国农村学前教育存在的主要问题有：农村学前教育的普及率低，中西部贫困地区的学前教育迄今没有改变“一穷二白”的面貌；农村学前教育资源配置欠缺，普惠性优质资源少；政府对于农村学前教育的责权不清，管理不力；农村学前教育教学“小学化”倾向严重；农村学前教师队伍素质低且稳定性差；对农村幼儿园保教质量的评估监控力度不够。产生上述问题的原因主要有：城乡二元经济结构与农村经济发展弱拉大了城乡教育差距；家长精神贫困，教育消费理念欠缺；政府责任未落实，规划、督导等制度性偏差，等等。发展农村学前教育的建议对策：第一，把学前教育纳入当地经济和社会发展的总体规划，统筹发展农村学前教育。探索建立“县乡结合，以县为主”的农村学前教育管理体制，明确各级政府发展和管理学前教育的具体责任。健全管理机构，配备专职人员，建立学前教育联席会议制度，加大对农村学前教育工作的管理力度。第二，完善政府、社会和家庭共同分担学前教育和托幼服务成本的机制，建立补偿救助制度。合理调整布局，大力发展农村学前教育机构，实施乡（镇）中心幼儿园标准化建设工程。第三，加强农村幼儿教师队伍建设，落实幼儿教师的地位和待遇，制定幼儿教师的资格标准和工资标准，稳定教师队伍，提高教师整体素质。第四，深化学前教育改革，推进素质启蒙教育，提高农村学前教育质量。建立和完善教育督导制度，加强对农村学前教育的督导评估。加快学前教育立法进程，促进农村学前教育发展与管理的科学化、规范化。

# 第五章　开启建设教育强国新征程

百年大计，教育为本。教育是国家富强、民族振兴、人民幸福的基石，是推动我国由人力资源大国向人力资源强国转变的根本动力。党的十九大报告指出，经过长期努力，中国特色社会主义进入了新时代，同时全面系统地回答了坚持和发展新时代中国特色社会主义各项事业的一系列重大理论和实践问题。这一重大政治判断和战略论断深刻反映出党和国家各项事业发生的历史性变革和取得的最新发展成就，是对中国特色社会主义各项事业进入新的历史阶段的准确认识和总体把握。在新的历史时期，教育事业作为坚持和发展新时代中国特色社会主义的基础工程和战略支撑，一定要与时俱进、深化改革、创新发展，认真贯彻落实习近平新时代中国特色社会主义思想，立足新的发展起点、坚持新的发展理念、聚焦新的矛盾转变、落实新的发展战略，着力解决好新时期、新阶段的发展任务，加快推进教育现代化建设，全面开启教育强国新征程。

## 一、以新思想引领教育改革发展

习近平新时代中国特色社会主义思想是马克思主义中国化的最新成

果，是中国共产党人的行动纲领和思想指南，是党和国家各项事业发展建设必须长期坚持的指导思想。站在新的历史起点，面对新的历史任务，综合新的历史条件，发展新时代中国特色社会主义教育事业必须以习近平提出的一系列新思想、新理念、新观点、新判断为引领，认真贯彻落实党的十九大精神，深入聚焦教育发展新矛盾，全面坚持党对教育工作的领导，深化教育事业综合改革和创新发展，用“奋进之笔”书写新时代中国特色社会主义教育事业的新篇章，让教育事业成为支撑伟大斗争、伟大工程、伟大事业、伟大梦想进而实现中华民族伟大复兴的基础工程。

### 1. 深入学习贯彻党的十九大精神

党的十九大举旗定向、谋篇布局，围绕“优先发展教育事业”明确提出：“建设教育强国是中华民族伟大复兴的基础工程，必须把教育事业放在优先位置，深化教育改革，加快教育现代化，办好人民满意的教育。”这一重要部署确立了发展新时代中国特色社会主义教育事业的战略地位、基本立场、总体方向和根本任务，是当前和今后一个时期教育事业发展建设的指导思想和科学依据，必须认真学习、全面贯彻执行，推动教育综合改革、协调发展，扎根中国大地，着力办好人民满意的教育事业，让教育事业成为统筹推进“五位一体”总体布局、协调推进“四个全面”战略布局、整体推进国家实力稳步提升的坚实力量。

（1）优先发展教育事业。

优先发展教育事业是立足我国社会主义初级阶段基本国情的实际，对当前和今后一个时期教育发展做出的总体部署，强化了教育发展的地位和作用，肯定了教育对实现国家富强、民族振兴、人民幸福的战略意义。党的十九大确立了全面建成小康社会、全面建设社会主义现代化强国和实现中华民族伟大复兴的宏伟目标。这一目标要求并决定了教育对经济、政治、文化、社会、生态文明和人才培养的系统关联和支撑作用。教育事业是小康社会不可或缺的组成部分，教育发展质量是检验小康社会建设水平的重要标准。在决胜全面建成小康社会的关键时期，坚持优先发展教育事业，通过有效的资源配置、制度建设、深化改革来促进教育公平而有质量的发展，让教育更好地满足广大人民的基础性和个性化需求。

同时，也必须认识到教育是全面建设社会主义现代化强国、实现中华民族伟大复兴的基础工程，优先发展教育事业是对这一定位的充分肯定，是对科教兴国、人才强国战略的进一步深化。这一定位要求加快实现教育能力、教育水平和教育质量的稳步提升，在建设社会主义现代化强国、实现中华民族伟大复兴的时代征程中，深入而广泛地发挥教育对优秀人才培养、国民素质提升、社会发展进步的重要作用，让教育真正成为促进我国从人力资源大国向人力资源强国转变的根本手段，为全面建设富强、民主、文明、和谐、美丽的社会主义现代化强国提供坚实保障。

（2）办好人民满意的教育。

办好人民满意的教育是党和国家发展建设教育事业的根本宗旨。党的十八大以来，我国教育事业发展成就显著。教育事业全面发展，教育公平稳步推进，教育差距逐渐缩小，薄弱环节明显改善，综合改革持续深入，教师队伍建设逐步加强，教育质量显著提升，人民的教育获得感日益增强，发展公平而有质量的教育成效卓著，不仅实现了学生从“有学上”到“上好学”的转变，同时为我国从教育大国向教育强国发展奠定了坚实基础。党的十九大进一步明确了以人民为中心坚持和发展新时代中国特色社会主义的基本思想，明确了办好人民满意的教育的根本立场。教育是人民对美好生活向往的重要组成部分，是发展、改善和提升人民生活水平和质量的关键领域，努力办好公平而有质量的教育，满足人民日益增长的多样化、个性化的教育需要是坚持和发展中国特色社会主义教育事业的重中之重。

为此，一切要以人民为中心，坚持依靠人民、为了人民的根本立场不动摇，尽力而为、量力而行，通过兜底线、补短板、强弱项、保基本、促公平等举措，推进城乡教育均衡发展，着力解决好农村地区、偏远地区、民族地区的教育发展薄弱状况，缩小城乡和区域教育差距，推进教育公平正义。在此基础上，牢固把握人民最关心、最直接、最现实的教育利益问题，大力实施教育惠民举措，建立健全教育保障制度和关爱体系，充分调动服务人民的社会办学力量，实施教育资源向贫困地区和薄弱地区倾斜的政策，保证人民享有同等的教育权利和教育机会，努力让每个孩子都能享有公平而有质量的教育，使我国的教育真正成为服务广大人民的教育。

（3）推进教育协调发展。

教育改革是一项综合系统的变革过程。中国特色社会主义进入了新时代，新时代教育的社会规定性与社会适应性要求在全面深化教育改革过程中必须坚持贯彻创新、协调、绿色、开放、共享的发展理念，促进各级各类教育协调发展，保证教育现代化水平有序推进，确保教育质量稳步提升，满足社会发展对教育提出的新要求。

在这一发展过程中，国家大政方针已定，要办好学前教育，完善学前教育布局规划，建立覆盖乡村地区的学前教育网络，确保学前教育依法依规开展；要着力推动城乡义务教育一体化发展，加强乡村地区和薄弱地区的学校建设和教育供给，促进城乡义务教育均衡发展；要促进高等教育内涵式发展，加快推进“双一流”建设，提高高等教育办学质量和人才培养质量；要大力发展职业教育，完善职业教育和培训体系，深化教育与产业融合发展，落实学校和企业相互支持，丰富职业技术教育的类型，提高职业技术教育水平，更快培养出更多适应社会产业结构升级调整的高素质应用型人才；要着力办好网络教育、加强特殊教育、深化继续教育、发展终身教育，全面建设学习型社会；要加强师资队伍建设，着力打造一支高素质、专业化、创新型的教师队伍，以“四有好老师”“四个引路人”“四个相统一”标准强化师德师风建设，形成全社会尊师重教、优秀人才争相从教的良好社会风尚。

教育改革永远在路上，要深入推进教育综合改革的系统性、整体性、结构性、协同性，通过多种方式和途径确保各级各类教育深化改革的扎实有效，蹄疾步稳推动建设学习型社会和现代化教育强国。

（4）大力发展素质教育。

党的十九大指出：“要全面贯彻党的教育方针，落实立德树人根本任务，发展素质教育，推进教育公平，培养德智体美全面发展的社会主义建设者和接班人。”这一定位明确了我国教育的办学方针和总体方向，指明了人才培养的质量规格和基本目标。大力发展素质教育，就是要坚持以社会主义核心价值观为导向，坚定不移落实立德树人根本任务，加强思想政治教育和道德品质教育，教育学生树立正确的人生观、价值观、世界观，形成正确的历史观、民族观、国家观，坚定理想信念，增强爱国情怀，端正法治观念，强化道路自信、理论自信、制度自信和文化自信，通过中华优秀传统文化、革命文化和社会主义先进文化塑造学生的人格品格和精神追求，让学生将先进的文化价值内化于心、外化于行，在社会主义建设的伟大实践中，自觉成长为有理想有本领有担当的中国特色社会主义事业的建设者和接班人。

在此基础上，要促进每个学生个性的全面而自由的发展，强化学生德智体美的综合发展与协调发展，谋求学生身心素质健全发展，通过加强体育、艺术教育和社会实践教育工作，提高学生身体素质，让学生养成健康的卫生习惯，提升学生审美修养，帮助学生形成正确审美观念，增强学生实践能力，培育学生创新精神，让每一个学生都能够学有所得、学以致用，实现个人理想与社会价值、个人成长与社会发展的统一。通过发展个体素质来夯实整体国民素质，进而提高国家文化软实力和中华文化影响力。

### 2. 聚焦新矛盾，深化教育综合改革

党的十九大指出，中国特色社会主义进入了新时代，我国社会主要矛盾已经转化为人民日益增长的美好生活需要和不平衡不充分的发展之间的矛盾。教育是人民美好生活需要不可或缺的组成部分。我国社会主要矛盾的变化要求我们必须清晰认识到教育领域发展不充分和不平衡的问题在一段时期内仍然会存在，着力解决好“做大蛋糕和分好蛋糕”的问题依然是教育领域的重要任务。改革开放以来，我国教育发展成就突出，但很多人民关切的教育现实问题，诸如教育区域、城乡以及校际发展不平衡问题，招生考试制度不完善问题，仍是老百姓的烦心事。为培养能够担当复兴大任的时代新人，为真正在教育领域落实以人民为中心的发展思想，办好人民满意的教育，国家应通过教育综合改革，解决影响阻碍教育发展的体制机制问题，最终办出更好更公平的教育。

（1）确保基础教育优质发展。

教育是全面建设社会主义现代化强国、实现中华民族伟大复兴的基础工程，基础教育是这个基础工程的基础。我国社会主要矛盾的转变，反映在基础教育领域，主要是人民对更好教育的期待和基础教育总体发展不够充分、不平衡的矛盾。当前，我国基础教育在区域之间、城乡之间、校际发展不充分、不平衡，制约着我国基础教育的整体发展水平。在当前和今后的一个阶段，要推动基础教育公平而有质量的发展，保证人民享有平等而优质的教育权利和教育机会，就必须深入聚焦我国社会主要矛盾的转变，着力解决好影响基础教育发展的这些“拦路虎”和“硬骨头”。

为此，一方面，加大深化教育供给侧结构性改革力度，国家通过协调教育资源的有效配置促进基础教育均衡发展；另一方面，深入实施针对贫困地区、边远地区、民族地区等经济欠发达地区基础教育薄弱环节和关键领域的倾斜政策，尽力而为、量力而行、因地制宜、分类指导、精准帮扶、补齐短板，解决好基础教育领域仍存在的发展不充分的问题。在此基础上，深化基础教育综合改革，在确保公平、均衡发展的基础上，着力提高基础教育育人质量，推动基础教育走上高位均衡、优质发展道路，让每一个孩子都能享受公平而有质量的教育，让人民的教育获得感进一步增强。

（2）注重高等教育内涵式发展。

高等教育是一个国家发展水平和发展潜力的重要标志。党和国家事业发展对高等教育的需要，对科学知识和优秀人才的需要，比以往任何时候都更为迫切。走内涵式发展道路是我国高等教育发展的必由之路。走内涵式发展道路不是简单地从重办学规模走向重教育质量，还包括走进“深水区”和“无人区”，就是探索人类科学的前沿问题和未知领域，引领国际科学研究的方向。

促进高等教育内涵式发展是聚焦我国社会主要矛盾转变而全面深化教育改革的关键领域。高等教育在我国教育系统中发挥着至关重要的作用，承担着人才培养、科学研究、社会服务、文化引领、科技创新、经济转型等多方面的发展建设任务，是新时代中国特色社会主义各项事业发展建设最强有力的支撑。强化高等教育内涵式发展，要坚持党对教育工作的全面领导，深入贯彻习近平新时代中国特色社会主义思想，落实新发展理念，立足各级各类高等教育院校的教育实际和办学定位，克服高等教育办学的“同质化”和大学排名的“功利化”，遵循高等教育办学规律和人才培养规律，有速度、有质量地推进人才培养，有实效、有深度、有分量地推动社会进步。

发展具有办学特色和世界水平的高等教育。高等教育内涵式发展的根本在于特色与水平，高等教育只有扎根中国大地，借鉴世界经验，才可能办出真正具有世界水平的现代大学。同时，加快建设世界一流大学和世界一流学科，要加大国家和地方对西部地区、落后地区薄弱高校的支持力度，深化高等院校学科建设，提高高等教育对不同专业人才的培养质量，着力解决好高等教育领域内部发展不充分、不平衡的问题，让高等院校成为引领区域发展和社会进步的优势力量。在此基础上，加强内部治理，落实依法治教，坚持“发展抓公平、改革抓体制、安全抓责任、整体抓质量、保证抓党建”的工作思路，破除阻碍高等教育院校学科建设和人才培养的机制体制弊端，增强高等教育的办学活力和创新能力，使我们的高等教育成为建设社会主义现代化强国的主力军。

（3）推进职业教育完善发展。

职业教育是我国整个教育系统的重要“方面军”，是走向制造业大国，培养千百万大国工匠的强有力支撑，是培养创新型、复合型、应用型、技术型、技能型人才的最主要手段。聚焦我国社会主要矛盾的转变，坚持以新发展理念统筹各级各类教育事业发展，需要以深化教育综合改革为根本动力，完善职业教育和培训体系。

当前，职业教育领域存在一系列发展短板，比如，职业教育与基础教育、高等教育总体结构不协调，职业教育发展薄弱；满足社会产业布局调整和优化升级的复合型职业教育体系不健全；培养的符合社会创新发展战略的技术技能型人才质量不高，也不充足……这些问题不同程度地存在。职业教育的这些问题，都有待通过深化改革来解决，以形成德技并修、工学结合的职业教育育人机制。

在建设现代化教育强国征程中，要着眼于时代发展需要和教育强国战略定位，以市场发展需要为导向，与时俱进、开拓创新，全面深化产、教融合发展，深入加强职业教育院校与社会各类企业单位之间的交流合作、协同创新，构建职业教育与高等教育之间的有效关联，形成协调互补的育人机制和育人模式，为学习者和从业者提供更多的提升空间和选择机会，使富有现代特点的职业教育和培训体系更有利于服务各级各类产业优化升级、服务国家和地区经济社会发展。为从根本上保证职业教育持续健康发展，国家需要大力提高专业技术人才的经济收入和社会地位，为每个有一技专长的人提供人生出彩的机会。

（4）加快农村教育发展。

中国教育的最大短板是中西部教育和农村教育，中西部的农村教育更是短板中的短板。农村教育的核心矛盾集中在农村学校教育。党的十八大以来，教育事业取得全面发展，中西部和农村教育明显加强。党的十九大确立了推动城乡义务教育一体化发展，振兴农村义务教育的战略部署，为全面深化农村教育改革、加快农村教育发展创造了历史条件，提供了制度保障。

城乡教育发展不平衡、农村教育发展不充分是新时代我国社会主要矛盾在农村教育领域的集中反映。促进教育公平正义，发展公平而有质量的教育，首要任务是贯彻新发展理念，统筹城乡教育均衡协调发展，坚持教育政策向农村地区倾斜、向困难群众倾斜、向薄弱学校倾斜，通过保基本、兜底线、补短板等一系列惠及农村教育的举措的扎实推进来实现城乡教育发展的起点公平、过程公平和结果公平，保证农村地区人民群众的教育权利和教育机会的平等获得。

针对农村教育的发展矛盾，要通过城市教育反哺农村教育、优质学校带动薄弱学校、高等教育补给基础教育、发达地区助力贫困地区、企业力量融入教育改革、社会力量支持义务教育等教育扶贫、脱贫举措来为农村教育振兴发展创造条件、提供资源、奠定基础。同时，要建立有效的制度保障和规范机制，增强国家政策、宏观政策在农村教育基层的适应性落实，增强各级各类教育政策和变革举措在农村教育改革实践中的充分实施，切实增强农村教育的变革活力和发展动力，尽力保留和发展好农村小规模学校，让每个乡村都有儿童的读书声，发展农村社区教育，避免任何一个农村成为文化的荒漠，让农村人民积极参与投入农村教育事业建设，形成农村教育发展变革的强大群众力量。

### 3. 加强党对教育工作的全面领导

党兴则国强。中国特色社会主义最本质的特征和中国特色社会主义制度的最大优势是中国共产党的领导，这同样也是当代中国最高的政治原则。着眼于中国特色社会主义的本质特征和最大优势，始终坚持、全面加强党对教育事业的领导是发展中国特色社会主义教育事业的基本方略和根本保障，是夺取新时代中国特色社会主义教育事业伟大胜利的第一原则。因此，要始终坚持党对教育工作的领导不动摇、不变形、不走样，坚持社会主义办学方向，全面贯彻党的教育方针，深入落实立德树人根本任务，全面加强思想政治教育工作，坚定“四个自信”、树立“四个意识”，以习近平新时代中国特色社会主义思想为理论武器，指导教育实践、开展教育工作、推动教育改革，奋力开启中国特色社会主义教育事业伟大新征程。

（1）坚持社会主义办学方向。

我国是工人阶级领导的、以工农联盟为基础的人民民主专政的社会主义国家。历史已经证明，我们党团结带领全国各族人民探索出来的中国特色社会主义道路的本质特征是坚持以人民为中心，坚持党对一切工作的集中统一领导。全面加强党对教育工作的领导是近代以来中国教育发展的历史逻辑、理论逻辑和实践逻辑的统一，是党、国家、人民和各个民族的教育根本利益所在。中国共产党是中国特色社会主义事业的开创者和领导者。坚持和加强党对教育工作的领导，就要扎根中国大地办好人民满意的教育，牢牢把握社会主义办学方向，坚定不移走中国特色社会主义教育发展道路。

始终坚持社会主义办学方向是我国教育工作总的方向，是全面建设社会主义现代化教育强国的思想指南，是落实中国特色社会主义道路自信、理论自信、制度自信、文化自信的集中反映。始终坚持社会主义办学方向明确了中国特色社会主义教育制度的本质属性和根本优势，是当前和今后发展中国特色社会主义教育事业要始终坚持的正确方向，体现着教育事业的最高政治原则。全面加强党对教育工作的领导，始终坚持社会主义办学方向是顺应时代发展和实践要求的必然选择，是确保教育事业优先发展的政治保障。坚持社会主义教育的办学方向需要教育系统全面深入贯彻党的教育方针，深入落实党的教育政策，结合新时代中国特色社会现代化建设总体要求，发挥中国特色社会主义教育优势，培养德智体美全面发展的社会主义建设者和接班人。

（2）落实立德树人根本任务。

立德树人是教育的根本任务，落实立德树人根本任务是夯实国家人力资本基础、建设人力资源强国的根本要求。立足中国特色社会主义事业后继有人的大局，习近平始终强调："培养担当民族复兴大任的时代新人。"深入落实立德树人根本任务，是党对人才教育和培养工作的集中要求，是坚持和加强党对教育工作领导的直接体现。落实立德树人根本任务，在根本上要回答并解决好为谁培养人、培养什么人、怎样培养人这个根本问题。

以立德树人为根本任务开展教育工作，要广泛宣传、弘扬、培育社会主义核心价值观，让社会主义核心价值观深入到教育教学工作的各个环节，使学生内化于心、外化于行、自觉遵守、积极践行。落实立德树人根本任务，离不开中华优秀传统文化、革命文化和社会主义先进文化对学生的精神滋养。培育学生坚定的理想信念、家国情怀、民族精神、法制意识，让先进的物质文化、精神文化、制度文化都成为塑造学生身心健康发展的有益养料。保障立德树人根本任务有效落实，要把握好国家发展和时代进步对人才培养提出的新要求，以习近平新时代中国特色社会主义教育思想为指引，深入开展各级各类学校教材建设和教学改革，丰富育人素材、创新育人模式，让学校教育成为立德树人的主阵地。同时，进一步巩固家庭教育、完善社会教育，全面营造积极的立德树人教育环境，为全面实施素质教育创设条件。

（3）加强思想政治教育工作。

思想建设是一切教育工作的基础。全面加强思想政治教育工作，是我们党的教育传统，也是深入贯彻党的教育方针，坚持党对教育工作领导的首要任务。当前，国内外环境正在发生深刻复杂的变化，意识形态领域面临严峻的斗争和挑战。习近平指出："意识形态工作是党的一项极端重要的工作。"[①] 我们必须把意识形态工作的领导权、管理权、话语权牢牢掌握在手中，任何时候都不能旁落，否则就要犯无可挽回的历史性错误。

教育是传播思想、开展思想政治教育、进行意识形态斗争的主要途径，任何时候都要加强党对教育工作的领导，坚定不移围绕党的意识形态工作落实教育任务，确立党对意识形态工作的领导权、管理权、话语权，在思想政治建设和意识形态斗争领域确保教育工作形成有效应对重大挑战、抵御重大风险、克服重大阻力、解决重大矛盾的本领和能力。全面加强思想政治教育工作，要将思想政治教育融入教育全过程、深入教育全领域、覆盖全体师生，让广大师生牢固树立起政治意识、大局意识、核心意识、看齐意识，坚定理想信念，牢记教育宗旨，明确使命担当，锻造意志品质，锤炼高尚人格。打铁还需自身硬。开展思想政治教育工作要以党的自身建设为保障，要从严治党，加强学校党建工作和党性教育，确保党对学校思想政治工作的管理和指导地位，使学校在各级党委、党支部、党组织的带领下全面贯彻党的教育方针，综合提高培养学生德智体美全面发展的能力。

## 二、加快推进教育现代化

加快推进教育现代化，建设现代化教育强国是实现中华民族伟大复兴的基础工程，具有基础性、先导性、战略性、全局性地位和作用。全面建设社会主义现代化教育强国，必须坚定不移走中国特色社会主义教育发展道路，全方位推进教育现代化建设，全面深化教育机制体制改革，促进各级各类教育协调发展，推动教育信息化和教育法治化，提高教育服务水平

① 中共中央宣传部．习近平总书记系列重要讲话读本（2016 年版）．北京：学习出版社，2016：192.

和保障能力，扎实推动教育惠民举措，进一步增强人民群众的获得感。同时，要立足我国社会主义初级阶段这个基本国情和最大实际，坚持稳中求进工作总基调，总结经验教训、明确发展方向、聚焦发展矛盾、认识发展任务，不断缩小教育差距，促进教育公平，优化教育结构，创新育人模式，激发教育活力，提高教育质量，更好、更多、更快培养中国特色社会主义各项事业的建设者和接班人，促使教育成为全面建设社会主义现代化强国和人力资源强国的重要支撑。

### 1. 优化教育结构

教育事业是一项受内外因素影响的复杂系统工程。在加快推进教育现代化进程中，需要不断认识教育面临的一些重大问题，准确把脉阻碍教育事业健康发展的瓶颈，聚焦广大人民群众对教育关切的问题，深入推进教育综合改革，完善教育布局调整，促进教育协调发展。以合理配置教育资源促进教育公平发展，以优化教育供给结构促进教育科学发展，以发展社会教育力量促进教育积极发展，整体下好全国教育“一盘棋”。

（1）合理配置教育资源。

教育资源是影响教育发展的关键要素。教育资源配置，既影响教育系统运行的科学性和有效性，也影响人民群众的教育获得感。合理配置教育资源是扎实推进教育惠民举措、提升教育服务能力、提高教育发展质量、促进教育公平正义的核心所在，也深刻影响着国民素质的整体提升。我国教育资源配置的不充分、不平衡问题仍客观存在，东西部地区、城乡地区、各级各类学校之间教育资源配置差异较大，还严重影响着教育公平和教育的均衡发展。贫困地区、边远地区、民族地区、经济欠发达地区的教育资源配置明显不足，成为制约阻碍这些地区学校教育质量全面提升的关键因素。

合理配置教育资源是全面深化教育改革的首要任务。一方面，优先配置贫困地区、边远地区、落后地区、薄弱学校的教育资源，坚持政策倾斜导向，加大教育投入、改善办学条件、补充师资力量、提高教育水平、促进教育发展，在整体上破解教育发展不充分、不均衡的矛盾，为发展公平而有质量的教育奠定基础。另一方面，坚持分类指导、精准配置的原则，针对各级各类学校发展状况优化教育资源配置，通过更扎实的举措巩固学校办学传统、打造学校特色、提高人才培养质量，促使教育资源配置与学校发展需要相一致，推动教育发展与社会进步相统一。

（2）完善教育布局调整。

教育布局影响教育公平，关涉广大人民的受教育权利、机会和条件。当“有学上”的问题基本得到解决时，“上好学”就成了人民的美好期待。随着社会经济的高速增长和城镇化的深入推进，教育布局总体不协调、不合理的状况以及由此带来的教育问题依然严峻，滞后于人民日益增长的优质教育需要和个性化、多样性的选择意愿。问题突出表现在：城镇教育优势明显，乡村教育相对薄弱，小规模学校生存日益艰难；城镇地区就学矛盾日益加剧，农村地区生源流失和空壳化现象严重，加上一些本该保留的学校的消失，致使农村辍学学生增多；义务教育、高等教育发展快速，学前教育、特殊教育、职业教育的发展明显不足；城乡之间、地域之间、校际、群体之间教育资源分布和教育质量依然存在差距；等等。这些问题都严重影响着教育的持续健康发展，阻碍着教育质量和效益的整体提升。

办公平而有质量的教育，必须合理调整教育布局。基于人口密度、空间地理、人口流动、户籍制度、学段划分等因素进行综合设计，使教育布局满足人民受教育需要，符合城镇化发展进程。在此基础上，政策适度向农村地区、贫困地区、民族地区、边远地区倾斜，加大教育投入，缩小区域之间、城乡之间、校际、群体之间的教育差距。同时建立教育协同互助机制，利用现代信息技术手段，使城镇地区与乡村地区、优质学校与薄弱学校、基础教育与高等教育、学校教育与社区教育、义务教育与企业之间实现有效合作和对口支持，扎实推进资源共享、师资交流、经验传递、教育互动、捐资助学等举措，使教育公共服务更加普惠、更加均等。

（3）优化教育供给侧改革。

影响教育发展的因素众多，包括先天自然条件、教育投入水平、学校变革活力、人民的教育期待等。其中，先天自然条件是影响教育发展的外部因素，教育投入水平是影响教育发展的供给因素，学校变革活力是影响教育发展的内部动力因素，人民的教育期待是影响教育发展的主体需求因素。除先天自然条件因素外，教育的社会基础决定了供给因素是影响教育发展的核心要素。深入推进教育供给侧结构性改革已成为全面深化教育改革、合理配置教育资源、促进教育均衡发展、提高教育发展能力的根本保障。

人民日益增长的对优质教育资源的个性化、多样化需要和教育不充分、不平衡的发展之间的矛盾，是推进教育供给侧结构性改革的动力。化解矛盾的着力点在于供给侧，而不是需求侧。以教育发展的实际状况为基础，以人民日益增长的优质教育需要为出发点，通过提高供给水平、扩大供给规模、加大供给总量、优化供给方式、增强供给效益、提升供给质量等举措来推动教育供给侧结构性改革是全面深化教育改革的关键所在。这既有利于实现教育资源合理配置、完善教育管理方式、促进教育公平发展、提高教育总体效能，也利于发挥其保基本、促公平、补短板、兜底线、抓关键、提质量的积极作用。

（4）发展社会办学力量。

优先发展教育事业，支持和规范社会力量兴办教育是党的十九大提出的重要论断。这就肯定了社会力量也可以成为发展国民教育的基础和支撑，可以为全面推进教育现代化发展、建设现代化教育强国创造新的保障条件、注入新的发展动力。教育部部长陈宝生围绕这一论断进一步指出，要建立分类管理制度，实行差别化扶植政策，促进民办教育健康有序发展①。这为加快建设学习型社会、大力提高国民素质创设了更多条件。

发展社会力量办学，是对以政府为教育主体的办学力量的延伸发展，拓宽了我国教育发展的途径和方式，拓展了我国教育发展的弹性空间，有利于使更多受教育者和社会劳动者接受教育。发展社会力量办学，支持各级各类企业、组织、团体、机构、个人兴办学校，有助于形成民办教育与公办教育并存的教育发展模式。同时，提高政府的服务水平和监管能力，规范民办教育管理制度和扶植政策，分类落实民办教育支持和鼓励机制，

① 陈宝生. 开启建设教育强国历史新征程. 求是网，2018-02-01.

让民办教育充满活力、有序运行、坚守质量、创新发展，不断助力现代化教育强国新征程。

### 2. 创新育人模式

中国特色社会主义进入了新时代，我国社会已经从传统的要素驱动进入到创新驱动发展阶段。构建一个充满创新活力的时代，需要不断培养具有创新精神和创新能力的人才。培养具有创新精神和创新能力的社会主义建设者和接班人，需要不断创新育人模式，落实立德树人根本任务，在人才培养观念、培养途径、培养机制、培养保障等方面不断落实创新驱动发展战略，深化教育改革，让教育成为创新人才培养的坚实基础。

（1）创新人才培养观念。

党的十九大指出，创新是引领发展的第一动力，是建设现代化经济体系的战略支撑。要加快建设创新型国家，提高社会创新活力和创造能力，需要不断创新人才培养模式，端正创新人才培养观念。教育作为培养人的活动，要紧密结合时代发展需要和人才培养要求，将创新作为深化改革的根本推动力，更多更快地培养创新型人才。对各级各类教育而言，创新人才培养要贯穿教育全过程、覆盖教育全领域、融入教育各个环节。落实教育创新，要不断推进人才培养的理论创新、实践创新、制度创新和文化创新，破除阻碍教育创新的机制体制障碍，增强教育创新活力和发展动力。其中，关键在于强化创新意识，形成发展教育事业的创新精神和创新理念。

习近平总书记曾说，中国这么多人，教育上去了，将来人才就会像井喷一样涌现出来。为此，首先要树立正确的创新人才观，在教育教学、人才培养、课程建设、教育评价等方面不拘一格，形成有利于创新人才培养的发展观念。其次，创新教育教学观，形成鼓励学生创新、引领学生创新、推动学生创新的教育文化，让创新理念创造性地融入教育教学。要解放思想，勇于变革，将创新精神和创新能力融入培养全面发展的人的教育过程中，注重教育内涵的全面发展，改变片面重视知识传授、轻视能力培养的教育状况。同时要认识到，决定一个人未来竞争力的不是知识，而是方法、能力和精神，在人才培养的观念中要给批判意识和反思精神留有一席之地。

（2）创新人才培养途径。

培养创新人才，要创新人才培养途径。教育既是培养人的实践活动，也是人赖以发展成长的主要途径。创新人才培养途径，要在各级各类教育中落实教育文化创新、课程建设创新、学校教学创新、教育方法创新、教师发展创新等多方面的创新举措，综合服务于育人模式创新和创新人才培养。要不断探索新的教育方式和育人方式，将互联网、人工智能、大数据等新兴技术综合运用到教育过程中，推动教育教学方式和方法的深入改革。

创新人才培养，需要拓展创新教育发展实践平台，深化产教融合、教研融合、校企融合等协同和联动创新机制，为创新人才培养和创新育人模式提供支撑。形成学校教育与家庭教育、社会教育之间的协调发展方式，为创新人才培养创设更多条件；形成专业与产业、专业与行业、专业与企业之间的合作发展方式，为创新人才培养打通专业发展通道；建设创新人才培养的交流合作机制，开展互惠学习和沟通对话；着力形成知识学习与实践创新结合的教育方式，着力提升学生的关键能力和品格。

（3）创新人才成长保障制度。

建立创新人才成长的保障制度和保障体系，创新育人模式，为创新人才培养提供支撑。首先，建设有利于创新人才培养的保障制度和支持政策，为创新人才培养提供制度指导和政策引领；建立有利于创新人才成长的服务保障体系，为落实教育教学改革奠定基础。其次，全面深化教育改革，在师资队伍、课程设置、教材建设、教育模式、教育设施等方面进行适应性调整和创新，巩固和促进育人模式综合创新；加大投入和支持力度，为发展建设创新的教育创设宽松的环境和有利的条件。再次，建设创新创业关爱体系，鼓励扶持学生开展创新创业活动，发展有利于促进创新人才培养的社会教育力量，为各级各类学校深化创新育人模式改革提供发展空间和外部环境，夯实开展创新人才培养的社会基础。最后，建立以学校为主体、以政府为主导、以企业为辅助的三位一体创新发展平台，形成创新人才培养的“孵化器”。

### 3. 加快教育信息化

教育信息化是将现代信息技术运用于教育领域，促进教育的改革和发展。教育信息化是现代科学技术为教育领域注入的最鲜活最具生命力的要素，是促进教育现代化的重要方式手段。基于现代信息技术的运用，改变传统教育形式和学习方式，可全面提升教育教学效率和质量。在全面深化教育改革的过程中，教育信息化既是改革的重点领域，也是推动教育改革的强有力手段。教育信息化对于促进教育变革、提高教育质量、培养创新人才、开启建设现代化教育强国等都具有深远的意义。

（1）完善学校信息化办学条件。

加快教育信息化，首要任务是完善学校信息化办学条件。没有学校办学条件的信息化，就难以真正实现教育的信息化。当前，信息化办学已成为现代学校的主要特征，深刻影响并改变着学校教师的教学方式和学生的学习方式。信息化办学条件不仅成为辅助学校教学工作的有力手段，也成为支撑课程资源开发、教师专业发展、学校教育管理的有力举措。近年来，我国教育领域大力发展信息化办学，学校的信息化办学条件和办学水平整体得到显著改善和提升，发达地区和城市都先后实现了教育信息化全覆盖。其中，以电子计算机、互联网、多媒体、网络通信为信息化特征的教育设施和技术不断推动学校教育的深刻变革，使学校教育呈现出数字化、智能化、媒体化特征，有效促进了学校办学向开放共享的发展方式转变。

当前我国学校信息化办学水平在总体上仍存在发展不平衡、不充分的问题。一些城镇地区、农村地区、边远地区、贫困地区学校的信息化办学条件不好、办学水平也不高，随着信息技术的快速发展与普及，要努力推动、整体提升这些地区学校的信息化办学水平。

在全面建设现代化教育强国征程中，进一步落实学校信息化办学发展任务，一方面要改变信息化办学条件和办学水平相对落后的学校的状况；另一方面要循序渐进、逐步深入，在整体上进一步提高学校办学的信息化水平，实现学校信息化办学的整体发展和优质发展。对此，既要坚持国家和教育部门对学校办学信息化发展的统一规划和整体部署，也要充分发挥社会力量对学校教育信息化改革的积极作用，多种途径促进学校信息化办学条件和办学水平的整体提高。

（2）加快信息化人才培养。

加快教育信息化，要求更快地培养更多信息化人才。教育信息化是在实现学校信息化办学的基础上，提高学生的信息化素养，把信息技术教育作为培养适应现代信息社会要求的人才的根本手段。进入现代社会，日新月异的科学技术和快速发展的社会经济使得国际竞争日益激烈，影响综合国力和国家竞争力的关键不仅在于科学技术的发展水平，更在于掌握科学技术的人才的数量和质量。加快教育信息化，推动教育现代化，实质上是不断提高竞争力、夯实人力资源基础、建设人力资源强国的最重要的手段。为此，教育要不断深化改革，加强信息技术素养教育和信息技术人才培养，以为中国特色社会主义现代化建设提供足够的人才支撑。

为加快信息化人才培养，一方面，充分实现现代信息技术在教育领域的融入和应用，以现代信息技术引领教育教学方式的变革，培养学生的信息化意识，提高学生的信息化素养；另一方面，基于社会对人才培养提出的新要求，整体提高每一个学生的信息获取、信息加工能力。而现代社会信息技术领域和行业需要的专业性信息技术人才，则需通过专门的信息技术教育培养造就。加快教育信息化，进一步推动社会信息化、经济信息化、工业信息化、农业信息化是国家信息化发展的必然选择。

（3）推进教育信息化改革。

教育信息化主要表现在学校教育信息化、社会教育信息化和家庭教育信息化三个层面。推动教育信息化改革是加快教育信息化发展的根本动力，也是发展信息技术教育、培养信息技术人才的必然要求。加快教育信息化发展需要将信息技术教育贯穿整个教育系统，融入各级各类学校，实现信息技术教育和信息化办学的全覆盖。现代信息技术教育的发展普及需要全面发力、多点突破、纵深推进。

推进学校教育信息化改革是核心，引领家庭教育信息化改革是基础，深化社会教育信息化改革是保障，三个层面的教育信息化相辅相成，相互促进，彼此协调。教育信息化改革要在教育理念、教育设施、教育手段、教育内容、教育环境、教育管理等多个方面落地生根，从学前教育、初等教育、中等教育、高等教育四个学段进行融入教育全过程、渗透教育全方位的教育信息化改革。

### 4. 推进教育法治化

社会主义教育是逐渐走向规范化、法治化的。从新中国成立，到今天的社会主义新时代，我国教育逐渐形成了较为完整的社会主义教育制度体系，政府的依法行政水平日益提升。为进一步激发社会教育的活力，党和政府正在全面推进教育法治化，以不断提升我国社会主义教育的法治化水平。

（1）建立健全教育法律制度体系。

对教育领域而言，只有建立健全教育法律制度体系，才能使有法可依更为全面。全面推进依法治教，根本在于建设中国特色社会主义教育法律制度体系，这也是将我国建设成为社会主义法治国家的必要组成部分。在社会主义教育的发展过程中，教育系统坚决贯彻中国特色社会主义法治理念，逐渐形成了完备的教育法律规范体系、高效的教育法治实施体系、严密的教育法治监督体系和有力的教育法治保障体系。社会主义教育法律制度体系建设能取得如此成就，根本原因在于中国共产党的领导。只有在中国共产党领导下，我国才能长久坚持中国特色社会主义教育制度。

我国教育法律制度体系的完善是一个渐进的历史过程。新中国成立以来，我国陆续出台与制定了关于教育的一系列法规法案，如《义务教育法》《教师法》《教育法》等，这些法律的制定为推进我国教育制度的法治化奠定了坚实的基础。随着社会的变革，国家围绕新形势和新变化，一直在建立健全和完善我国教育法律法规和教育法律制度体系。2017年，政府开展了《职业教育法》和《职业学校校企合作促进办法》的审议工作，并完成《民办教育促进法实施条例（修订草案）》和《学校安全条例（草案）》的起草工作，并就社会重点关注的学前教育问题，开展了《学前教育法》的调研和起草工作。

（2）提高政府机构依法行政水平。

法律是治国之重器，良法是善治之前提。有法可依是提高法规政策执行力的前提，有法必依是推进依法行政的必要途径。提高政府机构的依法行政水平，需要改变政府的行政方式，充分利用法律，达到良治的目的。教育是一种特殊的实践活动，也是一项重要的民生事业，教育的特殊性决定了教育治理的特殊性。良治依赖的是良法，而良法的制定就必须考虑教育治理的特殊性。

提高政府机构的依法行政水平，必须坚持“法无授权不可为、法定职责必须为”的原则。严格按照法律来办事，这就为政府的权力使用提供了根本遵循。法治社会较人治社会的最大优势就是，没有人能凌驾于法律之上。现代政府在阳光下运行的最大前提就是法律。“法无授权不可为、法定职责必须为”的原则，对政府必须为与不可为的基本内容做了说明。

提高政府机构的依法行政水平，必须全面梳理行政职权，加强政府机构的教育事务管理能力表现为是民生之基，人民满意不满意，教育是重要的方面。政府机构的依法行政水平，具体体现在政府机构的教育事务管理能力上。教育事务管理能力表现为政府面对教育的种种问题，能够及时高效地提出相关的政策指导。比如，出台关于教育行政执法体制机制改革的意见，提高基层教育部门依法管理教育事务的能力，为教育改革发展稳定护航。

（3）推进改革与法治二者的配合。

新时代要推进教育改革，必须全面提升教育治理法治化水平，发挥改革与法治车之双轮、鸟之两翼的作用。改革与法治这两轮或者两翼，必须相互配合，发挥重要支撑点的作用。在改革开放中，改革总是一马当先，冲破束缚发展的旧体制、制度；法治则紧随其后，建立适应发展的新体制、机制。法治是治国的重器，良法是善治的前提；改革也属治国，目的在于善治，改革与法治同为实现国家善治的重要机制，二者互为目的和手段。改革的目标必须以推进法治的方式实现，法治的目标必须通过深化改革的路径达到。

科学立法是处理教育改革和教育法治关系的重要环节。要实现教育立法和教育改革决策相衔接，就要做到重大教育改革有法有据，立法主动适应教育改革发展需要。在研究教育改革方案和教育改革措施时，还要考虑教育改革涉及的立法、修正等问题，及时提出修改的需求和修改完善的建议。在教育实践中证明是行之有效的措施，要及时上升为法律，这样才能更好地推进教育事业的发展。实践条件还不成熟、需要先行先试的，要按照法定程序做出授权。对不适应教育改革要求的教育法律法规，要及时修改和废止。同时，做好教育法律法规的宣传与普及工作。

教育活动的特殊性决定了教育法律法规既有一般法律的程序，也有其专门的适用性与实施场域。所以，各级教育部门、学校的主要负责人要按照中央要求，履行好推进法治建设第一责任人的职责，从自身做起，切实推进本部门、本学校的依法行政、依法治校工作。

（4）以法治方式解决教育难点问题。

教育难点问题是教育发展中的“硬骨头”，也是阻碍社会主义教育持续推进的“顽疾”。如果不除这些“硬骨头”或者“顽疾”，中国教育的发展便无法推进。之所以有这些问题，主要因为我国教育资源短缺，由此产生了城乡之间的利益博弈与争夺。所以，要把公正、公平、公开原则贯穿教育法治的全过程，完善教育法规体制机制，坚持立改废释并举，增强教育法律法规的及时性、系统性、针对性、有效性。

法治是解决教育难点问题最直接、最有效、直击要害的举措。比如，国家为了构建完善学校安全制度机制，颁行了《国务院办公厅关于加强中小学幼儿园安全风险防控体系建设的意见》，通过法律文件的形式，引起社会的普遍重视，加快解决学校安全问题。法治的执行者是人，健全法律制度，大力提升教育部门、学校领导干部依法治教的意识与能力，是解决问题的关键。

加强围绕教育难点问题的立法与用法，加快完善体现教育权利公平、教育机会公平、教育规则公平的法律制度，保障人民的受教育权利、教师的教学权利、学生的学习权利不受侵犯，保障社会主义教育各方面权利得到落实。有法可依、有法可用，减少“踢皮球”现象，促进重大教育改革，解决教育难点问题，才能真正保障民生、适应社会发展需要。

## 三、办好中国特色世界水平的现代教育

“世界上不会有第二个哈佛、牛津、斯坦福、麻省理工、剑桥，但会有第一个北大、清华、浙大、复旦、南大等中国著名学府。我们要认真吸收世界上先进的办学治学经验，更要遵循教育规律，扎根中国大地办大学。”“办好中国的世界一流大学，必须有中国特色。”① 习近平这些振聋发聩的话语，高屋建瓴地表达了新时代中国教育的发展目标，即办成“中国特色、世界水平的现代教育”。

### 1. 突出中国特色

中国特色的现代教育，在方向上姓“社”，底色为“马”，根植于中国文化，肩负着为新时代中国发展培养合格的建设者和接班人，为中华民族伟大复兴培养具有担当的时代新人的重任。

（1）构建中国特色教育理论体系。

中国特色教育理论体系在继承马克思主义关于教育的立场、观点和方法的同时，结合新的时代背景与历史使命，不断把马克思主义基本原理同中国教育实际相结合，实现了马克思主义教育思想中国化的新发展，发展了一系列符合我国教育实际情况的新思想、新理论和新战略，把新时代中国特色社会主义教育理论体系建设提升到了新高度。从新时代社会改革发展的全局出发构建的中国特色教育理论体系，深刻阐释并回答了如何建设中国特色社会主义现代化教育强国的问题。

中国特色教育理论体系的特色，不是为了“特色”而“特色”，我们之所以坚持走中国特色教育发展之路，是因为我们有通过走自己的路达到世界教育水平的自信。这份自信是改革开放以来教育所取得的伟大成就给予的。中国特色社会主义教育道路不是弯路、老路，更不是越走越窄的死

---

① 习近平．青年要自觉践行社会主义核心价值观：在北京大学师生座谈会上的讲话．人民日报，2014-05-05（2）．

路，而是一条符合中国教育发展实际的、能够不断满足中国人民对更好教育需要的、也能为增进世界人民福祉做出贡献的正确的路。中国特色教育理论体系中包括的理论、经验、道路、模式等，开辟了一条中国特色的教育发展之路，为各国特别是广大发展中国家的教育提供了可学习借鉴的蓝本，为解决全球教育问题贡献了中国的智慧和力量。

中国特色教育理论体系归根到底是以马克思主义为指导的，是把马克思主义基本理论同中国教育具体实际相结合的结果。马克思主义是我们发展教育的“真经”，“真经”没念好，就有人或者出于学科立场，或者是不够自信，或者是出于别的什么动机，总喜欢去“西天取经”，搬来一些教育上的新名词、新话语。这实际上是认为中国特色教育理论体系难以有效指导中国教育的实践。不了解、不熟悉马克思主义基本原理，就不可能真正形成中国特色教育理论体系。要加强对当代中国马克思主义的学习研究，为正确建构中国特色教育理论体系贡献力量。这个教育理论体系是开放的、发展的，不会故步自封，也不会停滞不前，而将不断发展与成熟，从而自信地指导中国教育实践。

（2）发展现代社会主义教育制度。

制度是现代管理与治理的利器，需要不断完善与进步。习近平指出，“我们全面深化改革，不是因为中国特色社会主义制度不好，而是要使它更好；我们说坚定制度自信，不是要固步自封，而是要不断革除体制机制弊端，让我们的制度成熟而持久”①。教育制度也是如此，发展现代社会主义教育制度，是为了更好地服务于现代教育，更好地解决培养人的问题。

随着教育规模的扩大、投入的增多，教育公平和教育质量备受关注。随着受教育人数的不断增长和人口结构的变化，教育结构和教育布局也成了教育无法回避的问题。城镇化是我国当下社会发展的大趋势，它的加速推进带来了前所未有的人口迁移。这些现象冲击着原有的教育理念和方式，使教育面临着诸种挑战，也对中国特色社会主义教育制度提出了新的要求。

---

① 中共中央文献研究室．习近平关于全面深化改革论述摘编．北京：中央文献出版社，2014：22.

目前，我国发展和完善的现代教育制度是中国特色社会主义的教育制度。习近平强调，“我们的方向就是中国特色社会主义道路，而不是其他什么道路”。只有坚持党对改革的集中统一领导，坚持以人民为中心的价值取向，才能坚持改革的社会主义方向，做到“既不走封闭僵化的老路，也不走改旗易帜的邪路”①。这就对我们发展现代教育制度做出了本质上的回答，我们的教育制度就是社会主义的教育制度。

(3) 培养新时代的社会主义建设者和接班人。

培养社会主义的建设者和接班人是教育的根本任务。2017 年 5 月，中共中央办公厅、国务院办公厅印发的《关于深化教育体制机制改革的意见》指出，要“系统推进育人方式、办学模式、管理体制、保障机制改革，使各级各类教育更加符合教育规律、更加符合人才成长规律、更能促进人的全面发展，着力培养德智体美全面发展的社会主义建设者和接班人，为实现‘两个一百年’奋斗目标、实现中华民族伟大复兴的中国梦奠定坚实基础”。这为我国教育的长期发展提供了指导与依据。

新时代是我国迈向世界舞台中央、不断为人类社会发展做出更大贡献的时代。目前，人类正处在大发展大变革大调整时期，中国正处于百年未有的大变局中。世界多极化、经济全球化深入发展，社会信息化、文化多样化持续推进，各国相互联系、相互依存，全球命运与共，和平、发展、合作、共赢成为不可阻挡的时代潮流。在这样的背景下，中国与世界的关系正发生着深刻变化，同国际社会的联系变得空前紧密，中国的发展离不开世界，世界的发展更加离不开中国。站在中国与世界的命运交汇点，要树立世界眼光，准确把握中国与世界的命运和利益高度交融交汇大势，跟上时代潮流。这些国际国内发展大势，为新时代中国教育培养社会主义的建设者与接班人提出了新的要求。

我国已进入社会主义新时代，时代方位已经变化，社会主要矛盾已然转化。在“有学上”的教育需求满足之后，“上好学”已经成为新时代人民对教育发展的主要期待。新时代的建设者和接班人应该具有什么样的时

① 中共中央文献研究室. 习近平关于全面深化改革论述摘编. 北京：中央文献出版社，2014：14.

代特征，具备什么样的迎接未来的能力与素质，应有怎样的责任与担当，将是新时代中国教育必须回答的问题。简言之，我们在人的培养上，要达到合目的性和合规律性的统一，要实现全面发展与个性发展的统一，要为实现“两个一百年”奋斗目标、实现中华民族伟大复兴的中国梦，培养有理想有本领有担当的德智体美全面发展的社会主义建设者和接班人。

（4）定位现代化世界教育的引领者。

中国梦是中国的，也是世界的。党的十九大报告指出，我们要不负人民重托、无愧历史选择，在新时代中国特色社会主义的伟大实践中，以党的坚强领导和顽强奋斗，激励全体中华儿女不断奋进，凝聚起同心共筑中国梦的磅礴力量。作为世界大国与文明古国，中国不仅要自己强起来，也要和世界一起实现人类文明的永续发展。这是中国梦的世界意义与文明担当。

现代教育的发展是不可阻挡的历史潮流，把握中国教育引领世界教育的发展定位，基于中国教育发展的根本立场，加强教育对外开放，是中国教育发展的必然选择。这有利于实现不同文明间的交流互鉴，促进世界教育与文明的继承、发展和繁荣，也将为中华民族伟大复兴的中国梦提供更强大的教育支撑。

定位于现代世界教育的引领者，我国将不断扩大同世界各国的教育国际交流，加强中外人文交流，提升教育对外开放的质量和水平，积极参与全球教育治理，开展国际教育援助，为世界教育发展和人类社会进步做出中国贡献。以人类命运共同体理念引领教育国际交流，为人类更加美好的明天做出更大贡献。教育领域合作应成为中外交流的先行者，教育对外开放应成为传播文明的桥梁和加深情感的纽带，实现世界各国的合作共赢，推动人类迈向更加美好的明天。在世界教育的舞台上，我们要努力传播好中国声音，讲好中国故事。

### 2. 坚持教育的文化自信

发展社会主义现代教育，要重视教育的民族性与继承性，坚持中国立场，立足中国现实，传承中华文化。不忘本来，吸收外来，面向未来，不断树立彰显教育的文化自信。

（1）坚持马克思主义的理论指导。

我国教育的底色是马克思主义，社会主义教育的鲜明特征是坚持马克思主义的理论指导。马克思和恩格斯、列宁在不同历史时期，结合不同历史任务，依据马克思主义基本原理，观察和分析教育问题，并在理论创建和长期革命实践中逐步形成了马克思主义教育思想体系。毛泽东、邓小平、江泽民、胡锦涛将马克思主义基本原理与中国教育实际相结合，形成了毛泽东教育思想和中国特色社会主义教育思想。实践常新，理论常新。进入新时代，习近平在治国理政的伟大实践中，结合新时代对中国教育的发展改革进行了全面深刻阐述，为中国教育的发展方向、发展方略等提供了科学指导，回答了“为谁办教育，办什么样的教育，怎样办教育”等教育的本质问题。习近平关于教育的论述，开辟了中国特色社会主义教育思想发展的新境界。

马克思主义哲学中的世界统一于物质的观点、普遍联系的观点、事物矛盾运动的观点、认识和实践辩证统一的观点、历史唯物主义的社会基本矛盾运动的观点、物质生产与社会生活交互作用的观点、人民群众是历史创造者的观点等，都为我们认识问题、分析问题、解决问题提供了方法论指导。坚持马克思主义世界观和方法论的指导，聚焦中国的教育实践和民族特色，结合中国特色社会主义新时代和发展的新特点，创造性传承马克思主义教育思想的观点和理论精髓，才能把中国特色社会主义教育思想推进到新的发展阶段。

方向决定道路，道路决定命运。习近平说，“我们的高校是党领导下的高校，是中国特色社会主义高校。办好我们的高校，必须坚持以马克思主义为指导”①。一所高校一旦在办学方向上走错了，在培养人的问题上走偏了，那就像一株歪脖子树，无论如何都长不成参天大树。这适用于高校，同样也适用于整个教育系统。教育系统结合中国教育实际，坚持以新时代中国化的马克思主义为方法论指导，这是建设中国特色、世界水平的现代教育的根本保证。

---

① 习近平．把思想政治工作贯穿教育教学全过程 开创我国高等教育事业发展新局面．人民日报，2016-12-09（1）．

（2）明确为人民服务的教育旨归。

习近平指出："我们的教育是为人民服务、为中国特色社会主义服务、为改革开放和社会主义现代化建设服务的，党和人民需要培养的是社会主义事业建设者和接班人。"① 进入社会主义新时代，"以人民为中心"的思想成为社会主义事业的指导思想，也成为社会主义教育发展的根本遵循。

以人民为中心的发展思想，不是一个抽象的、玄奥的概念，不能只停留在口头上、止步于思想上，而要体现在社会发展的方方面面。教育作为国家的根基事业，作为民生的主要部分，必须要全面贯彻这一思想。我们党多次提出，要坚持人民主体地位，顺应人民群众对美好生活的向往，不断实现好、维护好、发展好最广大人民的根本利益，做到发展为了人民、发展依靠人民、发展成果由人民共享。以教育公平促进社会公平正义。要通过深化教育改革、创新驱动，提高教育发展质量和效益，不断满足人民日益增长的美好教育需要，使教育发展成果更多更公平地惠及全体人民。

全心全意为人民服务的教育思想中，蕴藏着共享理念。共享的实质就是坚持以人民为中心的发展思想，体现的是逐步实现共同富裕的要求。共同富裕是马克思主义的基本目标，也是自古以来中国人民的一个美好理想。孔子说："不患寡而患不均，不患贫而患不安。"孟子说："老吾老以及人之老，幼吾幼以及人之幼。"《礼记·礼运》具体而生动地描绘了"小康"社会和"大同"社会的状态。按照马克思、恩格斯的构想，共产主义社会将彻底消除阶级之间、城乡之间、脑力劳动和体力劳动之间的对立和差别，实行各尽所能、按需分配，真正实现社会共享，实现每个人自由而全面的发展。教育是培养人的最重要的手段与方式，也是个体发展、成长的唯一可依靠的途径，教育理念必然会影响培养出的人才的规格与质量，影响国家和社会的发展。

（3）加强中华优秀传统文化教育。

中华文明绵延数千年，有其独特的价值体系。中华优秀传统文化已经成为中华民族的基因，植根在中国人内心，潜移默化地影响着中国人的思

① 习近平．做党和人民满意的好老师：同北京师范大学师生代表座谈时的讲话．人民日报，2014-09-10（2）．

想方式和行为方式①。今天，我们提倡和弘扬的社会主义核心价值观，必须从中汲取丰富营养，否则就不会有生命力和影响力。很多中国传统的思想和理念，不论是过去还是现在，都有其鲜明的民族特色，都有其永不褪色的时代价值。中华优秀传统文化，随着时间的推移、时代的变迁而与时俱进，有其自身的连续性和稳定性。我们生而为中国人，不仅是因为黑头发黄皮肤，也不仅仅是因为有中国国籍，最根本的是我们有中国人的独特精神世界。

中国教育要发展，就要重视研究中华传统文化，继承和发扬中华优秀传统文化。实现中华民族伟大复兴的中国梦，必须要有中国精神，而发展中国精神必须是在坚持弘扬社会主义核心价值体系的前提下，积极深入中华民族历久弥新的精神世界，把长期以来我们民族形成的积极向上向善的思想文化充分继承和弘扬起来，使之为培育和践行社会主义核心价值观服务，为建设社会主义先进文化服务。新时代的中国教育是为了培养能够担当时代大任的新人，以厚重的优秀中华历史文化为底色，才可以更好地前行。

加强中华优秀传统文化教育，要坚持马克思主义方法论的指导。首先要重视学习和总结中华优秀传统文化，重视借鉴和运用中华优秀传统文化的经验。历史虽然是过去，但过去发生的事情，总会以这样或那样的方式出现在当今人们的生活中。中华优秀传统文化源于社会生活本身，是人们思想观念、风俗习惯、生活方式等的集中表达。中华优秀传统文化对当今人们仍然具有深刻的影响。我们要对中华传统文化进行科学分析，对有益的、好的东西予以继承和发扬，对负面的、不好的东西加以抵制和克服，取其精华、去其糟粕，避免全盘接受或全盘抛弃的绝对主义立场。

（4）培育社会主义核心价值观。

中国教育的发展，要坚持社会主义先进文化的前进方向，用社会主义核心价值观凝聚共识、汇聚力量，用优秀文化产品振奋人心、鼓舞士气，用中华优秀传统文化为人民提供丰润的道德滋养，提高精神文明建设水平。习近平指出，“中华民族创造了源远流长的中华文化，也一定能够创

① 习近平．青年要自觉践行社会主义核心价值观：在北京大学师生座谈会上的讲话．人民日报，2014-05-05（2）．

造出中华文化新的辉煌。”要坚持社会主义先进文化前进方向，坚定文化自信，增强文化自觉，加快文化改革发展，加强社会主义精神文明建设，培育和践行社会主义核心价值观，增强国家文化软实力，建设社会主义文化强国。

社会主义核心价值观把涉及国家、社会、公民三个层面的价值要求融为一体，深入回答了我们要建设什么样的国家、建设什么样的社会、培育什么样的公民的重大问题。而在培育什么样的公民的问题上，教育最有发言权。习近平指出，要“用社会主义核心价值观凝魂聚力，更好构筑中国精神、中国价值、中国力量，为中国特色社会主义事业提供源源不断的精神动力和道德滋养”。通过教育引导、舆论宣传、文化熏陶、行为实践、制度保障等，使社会主义核心价值观内化于心、外化于行。

发挥教育的引导作用，统筹推进，在不同群体上用力。发展教育要从娃娃抓起，从学校开始努力。少年儿童要从小学习做人，扣好人生第一粒扣子，学习和实践社会主义核心价值观，打好核心价值观教育的基础。广大青年要勤学、修德、明辨、笃实，身体力行，使社会主义核心价值观成为行动的思想源泉。学校教师要把社会主义核心价值观的基本内容和要求渗透到学校教育教学中，用自己的学识、阅历、经验点燃学生对真善美的向往，使社会主义核心价值观的种子在祖国下一代心中生根发芽、真正培育起来。

### 3. 统筹国际国内大局，扩大教育开放

随着国际国内形势的转变，统筹国际国内大局、扩大教育开放是适应国家发展大势以及党和国家工作大局的重要表现。只有综合运用国际国内两种资源，努力开创教育对外开放工作新局面，才能为实现“两个一百年”奋斗目标、实现中华民族伟大复兴的中国梦做出新的贡献。

(1) 坚持推进教育对外开放。

新时代推动教育的对外开放十分重要。习近平指出，中国有 2.6 亿名在校学生和 1 500 万名教师，发展教育任务繁重。中国将坚定实施科教兴国战略，始终把教育摆在优先发展的战略位置，不断扩大投入，努力发展

全民教育、终身教育，建设学习型社会，努力让每个孩子享有受教育的机会，努力让13亿人民享有更好更公平的教育，获得发展自身、奉献社会、造福人民的能力。中国将加强同世界各国的教育交流，扩大教育对外开放，积极支持发展中国家教育事业发展，同各国人民一道努力，推动人类迈向更加美好的明天①。

随着国家“一带一路”倡议的实施，教育对外开放迎来新的机遇。“一带一路”倡议为开展教育国际合作交流提供了新的契机，中国教育应积极主动服务国家对外开放大局。通过与“一带一路”沿线国家的教育合作交流，为我国建设教育强国、实现教育现代化夯实基础。

教育交流要遵循自身的发展逻辑，尊重教育规律。在新契机和新框架下推进教育交流与合作，既要立足自身优势，又要跳出自身局限，充分发挥教育在对外开放中的基础性、先导性、引领性作用，为国家相关对外战略的实施提供优质服务、智力支撑和人才保障。要以求实精神进行教育对外交流，多交朋友、多培育兴奋点、多开辟渠道、多创新载体，推动留学基地、孔子学院建设，利用好教育对外开放基地和平台。

（2）全面深化教育互鉴互助。

强大中国教育，服务党和国家事业大局，是教育对外开放的战略定位，也是战略目标。2016年出台的《关于做好新时期教育对外开放工作的若干意见》，是中央第一个全面指导教育对外开放工作的纲领性文件。从此，我国教育对外开放驶入了发展的快车道。

新时代教育对外开放工作要围绕提质增效来开展。教育对外开放不能靠外事战线“单兵独进”，各级教育部门、各类学校都有责任、有义务，也都有空间、有优势。要积极服务“一带一路”倡议，扎实做好“一带一路”国际合作高峰论坛相关活动，继续推进省部共建备忘录签署工作，实现有关节点省份签约全覆盖。加快非通用语种人才培养，实现所有已建交国家官方语言全覆盖，实现国别和区域研究全覆盖。

全面深化教育互鉴互助，是新时代我国教育做好对外开放工作的核心

① 习近平主席在联合国“教育第一”全球倡议一周年纪念活动上发表视频贺词．人民日报，2013-09-27（3）．

目标。这是我国产业结构调整发展和教育发展到现阶段必须要重视的一件大事。各地都要结合本地区落实“一带一路”倡议和扩大教育对外开放的任务，加强规划和推动，支持有条件的学校与企业携起手来，成为赢得国际竞争的好伙伴。中国教育的发展要充分利用全球教育创新资源，在更高起点上推进教育创新，并同国际教育界携手努力为应对全球共同挑战做出贡献。

计利当计天下利。在漫长的历史进程中，中国和世界其他国家人民创造了丰富多彩的辉煌文明。在历史发展长河中，各种文明在相互影响中融合演进，为中国人民与世界人民的相互学习、相互借鉴、相互促进提供了重要文化基础。中国与其他国家应发挥各自优势，实现多元共生、包容共进，共同造福于各国人民。

（3）综合开展中外合作办学。

中外合作办学是借鉴世界经验、引进优质资源的实验田。孔子学院是中国为世界和平与国际合作而不懈努力的象征，是联结中国人民和世界人民的纽带。多年来，以孔子学院为代表的教育机构积极开展汉语教学和文化交流活动，为推动世界各国文明交流互鉴、增进中国人民与各国人民相互了解和友谊发挥了重要作用。这些文化的中外交流，促进了文化的传播，加强了各国人民心灵间的沟通。

习近平指出，世界各国人民创造的灿烂文化，是人类共同的宝贵财富。我们应该通过交流互鉴和创造性发展，使之在当今世界焕发出新的生命力。孔子学院属于中国，也属于世界。中国政府和人民将一如既往地支持孔子学院的发展。让我们一起努力，推动人类文明进步，推动人民心与心的交流，共同创造人类更加美好的明天。孔子学院坚持中外合作办学模式，不断提高办学质量和水平，加深中外文化交融，让“和为贵”“和而不同”的理念得到传承和发扬，为促进世界文明多样性和各国人民和谐共进做出重大贡献。

中国同世界的联系更加紧密，人们只有相互加深了解，才能在人类文明的大道上更好地携手前进，正如孔子所说的，“盖有不知而作之者，我无是也。多闻，择其善者而从之，多见而识之”，“敏而好学，不耻下问”。孔子学院和孔子课堂作为中外语言文化交流的窗口和桥梁，在向世界各国民众传播汉语、弘扬中华文化方面发挥了积极作用，也为推进中国同世界各国的人文交流、促进多元多彩的世界文明发展做出了重要贡献。

开展中外合作办学，建设高水平示范性中外合作办学机构，全面发挥合作办学辐射作用，有利于深化国内教育教学的改革。进一步做好双边多边合作交流工作，在现有与多个国家签署学历学位互认协议基础上，加强与各国教育的合作，不断扩大提升世界对我国教育的认可度。深化多边教育合作，提升与联合国教科文等国际组织的合作水平。大力加强孔子学院建设，着力提高办学质量和水平。

(4) 深入加强中外人才交流。

加强中外人才交流工作是教育系统的重要任务。教育系统要根据国家出台的做好新时代中外人文交流工作的意见，提升人文交流的质量和效益，持续推进并做好高级别人文交流机制的筹办工作。加大留学生经费投入，增加来华留学和出国留学名额。优化出国留学服务，加快培养国家战略急需的五类人才。打造“留学中国”品牌，启动国家层面来华留学教育标准制定工作。

坚持扎根中国、融通中外、取长补短、为我所用的原则，不断提升我国教育对外开放水平。2017 年，已经有来自 205 个国家和地区的 40 多万人次留学人员在华学习，我国成为亚洲最大、全球第三的留学目的国。成功建立中俄、中美、中欧、中英、中法、中印尼、中南非、中德 8 个高级别人文交流机制，人文教育已与政治互信、经贸合作一道成为我国外交三大支柱。截止到 2018 年 12 月，全球已有 154 个国家（地区）建立了 548 所孔子学院和 1 193 个中小学孔子课堂，孔子学院和孔子课堂日益成为人文交流的有效载体、文明互鉴的重要渠道和增进中外人民友谊的重要平台。

深入加强中外人才交流，就是要“走出去”，跟人家碰撞，跟强者请教，跟他们交流。面对世界大变革的新时代，面对构建人类命运共同体的新期待，面对世界范围内教育、文化交流交融交锋的新形势，我国教育的发展要抽象出有学理性的新理论，打造标识性的中国教育新话语，提升文化自信。吸收世界所有国家教育发展成果，包容互鉴、融通共享，让中华文明同各国人民创造的多彩文明一起为人类进步提供精神指引。

# 后　记

改革开放是当代中国发展进步的必由之路，是实现中国梦的必由之路。2018 年是中国改革开放 40 周年。生动展现改革开放 40 年的光辉历程，深刻总结宝贵经验，是思想宣传工作的热点，也是理论研究的重点。中国教育的改革开放是国家改革开放总画卷中浓墨重彩的一笔，改革开放以来中国教育的发展取得了丰硕的成果，中国教育达到了新的水平，站在了新的起点上。认真总结改革开放 40 年来我国教育发展的成就和经验教训，对探索新时代我国教育模式的转变与创新，是一件意义非凡的事。为此，笔者撰写了《教育发展新水平》一书，并将其作为“改革开放与新时代”研究丛书之一。本书是教育部高等学校社会科学发展研究中心 2017 年度中央级公益性科研院所基本科研业务费专项资金资助项目“教育发展新水平”课题的最终成果。

由于作者水平所限，书中难免存在不足之处，敬请读者批评指正。

郑丽平

2019 年 5 月于北京